ゆる山歩き

思い立ったら山日和

西野淑子

東京新聞

ゆる山歩きに出かけましょう。

お散歩気分で楽しめる低山や丘陵歩き、
湿原や渓谷歩道、
高い山へはロープウエーで一直線。

本格的な登山の経験がなくても、
登山専用の道具を持っていなくても、
気持ちよく歩ける50のコースをご案内しています。

「豊かな森にどっぷり浸って気持ちよかった」
「遠くまで山々が見渡せて気分が晴れ晴れした」
「一面のお花畑に心が躍った」
ゆる山歩きは、心に、体に、よく効きますよ。

1年365日、毎日が山日和。
老いも若きも、男子も女子も、
思い立ったらお気軽に、
緑の中をのんびり歩いてリフレッシュ。
「ゆる山」の世界へ、ようこそ！

ゆる山歩き
思い立ったら山日和

contents

夏

秋

冬

コースガイドについて

- 本書は、東京新聞　首都圏情報「ほっとなび」の連載「ゆる山歩き」（2014年8月～2016年1月分）を、単行本化にあたり加筆、再構成しました。
- 本書に記載の交通機関、市町村問合せ先等のデータについては、2016年1月現在のものを使用しています。これらについては変更される場合がありますので、事前に必ずご確認ください。
- データ部分のアイコンは
  ：登山口までの交通機関　：コースタイム　WC：トイレ情報
  ：アドバイス　問：市町村・交通機関の問合せ先
- コースタイムは、実測をもとに、健康な成人が要する標準的な歩行時間を記載しています。体力や天候などで変化しますので、あくまでも目安としてお考えください。休憩時間は含めません。
- 本書に掲載の地図は必ずしも現地での道案内に十分ではありません。歩くときには登山地図やハイキングマップなどをお持ちください。

さくいんMAP
▲＝はる ▲＝なつ
▲＝あき ▲＝ふゆ
( )内は掲載ページ
花見山(28)
那須岳(76)
東館山
高山植物園(50)
八方池(56)
尾瀬ケ原(70)
室堂(58)
一ノ倉沢(78)
戦場ケ原(62)
上高地(30)
榛名富士(32)
乗鞍高原(60)
みかも山公園(18)
車山(46)
鬼石桜山(94)
太平山(42)
乗鞍岳(52)
北横岳(80)
簑山(26)
宝登山(114)
両神国民
休養地(122)
入笠山(40)
鐘撞堂山(112)
筑波山(84)
日和田山(72)
御岳山
(54)
千畳敷カール(48)
西沢渓谷(74)
天覧山(24)
加治丘陵(90)
鳩ノ巣渓谷(92)
青梅丘陵(108)
昇仙峡(82)
弁天山(22)
三頭大滝(88)
岩殿山(116)
高尾山(14)
富士山(64)
弘法山
公園(20)
衣張山(118)
乙女峠(96)
鷹取山(110)
仙石原(86)
幕山(124)
麻綿原高原(44)
鎌倉アルプス(102)
鋸山(106)
三浦富士(104)
大室山(34)
城ケ崎(120)
大楠山(16)

歩きやすさ重視、まずはあるもので

服装と持ち物

服装

汚れてもいい動きやすい服、履き慣れた歩きやすい靴が大切です。歩くだけとはいえ、長い距離を歩きますから、スカートよりパンツ、ブラウスよりTシャツなどのほうがよいでしょう。靴も革靴やサンダルでなく、スニーカーやトレッキングシューズなど、長く歩いても疲れにくい靴を選びます。

歩いていると汗をかくので、汗をよく吸って乾きやすい素材のシャツが望ましいです。綿のシャツは汗をよく吸いますが乾きにくく汗冷えするので、替えのシャツを持っていくとよいでしょう。

持ち物

日帰りのゆる山歩きなら、飲み物、お弁当とおやつ、タオル、雨具、歩くルートの資料（地図やガイドブック）など。山には売店や自動販売機がないので、飲み物や食べ物はあらかじめ用意します。雨具は必ず持っていきましょう。晴れ予報の日でも、山では急に雨が降ることがあります。登山用の雨具がベストですが、コンビニなどで売っているビニールのレインコートと折り畳みの傘でもよいので持っていきます。

両手をあけてバランスよく歩くため、手提げカバンや肩掛けカバンではなく、リュックサックに道具を入れます。1～2時間のゆる山なら、普段使いのデイパックで十分です。

登山専用の服や道具を全部買いそろえる必要はありません。まずはあるもので始めてみましょう。山歩きがおもしろいと思ったら、少しずつ買い足していけばいいのです。

街歩きの2倍ゆっくりがポイント

疲れず楽しく歩く

歩くペース

山歩きはゆっくり、休まず歩くと疲れないのです。お友達とおしゃべりをしていても息が切れない程度のスピードで、目安としては「街を歩くときの2倍ゆっくり」。ゆる山歩きなら、25～30分歩いて5分程度休憩するのを1サイクルとして、歩くといいでしょう。

登り道では、呼吸を意識しながら、ゆっくりと足を運びます。丸太や石の階段が出てきたら、一段ずつ踏みしめるように、一定のペースで登っていきます。駅の階段を駆け上がるように早足で登ってしまうと、一気に疲れてしまいます。「休まずに」といっても、よい景色やきれいな花を見つけたら、立ち止まって写真を撮ったりするのはOK。

水分補給

歩いていると汗や呼気で、水分が体の外に出ていくので、出ていった分を取り入れる必要があります。とくに寒い時は汗をかきにくいので、体から水分が出ている実感がなく、水分をとらなくなりがちです。3時間程度の山歩きなら、500ミリリットル～1リットルの水分を持ち歩き、のどが渇いたと感じていなくても、休憩時には水分をとりましょう。

栄養補給

水分と同様に、歩いているとエネルギーも消費されていきます。行動食（おやつ）を持っていき、休憩時に食べるようにします。チョコレートや飴、小分けになった羊羹などが食べやすく、カロリーも高いのでおすすめです。

下調べで安全に楽しく

プランニング

山歩きでは、計画を立てることが大切。それは高く険しい山を登る登山でも、私たちが楽しむ『ゆる山歩き』でも同じです。「計画なんて大変そう、面倒だなぁ」と思われそうですが、実は考えることはそれほど多くないのです。

登山ルートの下調べ

どのくらい歩くのか、歩きにくい危険な場所はないかなど、コースの下調べをします。山歩きのガイドブックが役立ちます。最近は市町村でハイキングマップを作っているところもあり、市町村のホームページからダウンロードすることもできます。

花や紅葉目当てに出かけるときは、現地情報をチェックしていきます。山によっては山麓のビジターセンターや周辺の山小屋のホームページなどで、情報をこまめに更新しているので参考になります。地元の観光協会などに直接問い合わせてみてもいいでしょう。

アクセス情報

登山口までの電車やバスの便を時刻表などで調べます。登山口と下山するところが違う場合は、下山地の交通情報も忘れずに確認を。

公共交通機関を使う場合、電車の最寄り駅から登山口までバスでアクセスすることが多いです。町なかの路線バスと違い、山岳地帯の路線バスは本数が少ないもの。1日に2、3本ということも多いですし、平日と土曜、日曜でダイヤが違うこともあります。バス会社の公式サイトの時刻表で、最新のダイヤを確認しておきます。

また、山の中を通る路線は、大雨・台

風などで土砂崩れがあると通行止めになります。そもそもバスの運行があるかも事前に確認を。

マイカーでアクセスする場合は、登山口の駐車場情報（場所、有料／無料など）を調べておきましょう。バスと同様に登山口への道路が土砂崩れなどで通行止めになっていないかの確認もしておきます。時期によっては、マイカー規制を行っている山もあります。たとえば乗鞍岳はシーズン中ずっと、富士山は夏にマイカー規制期間があります。

本書ではロープウエーやリフトを使うルートを多く紹介していますが、季節運行のことも多いです。行きたい日に運行しているか、運行時間などを確認しておきましょう。

1日の予定を決める

ルートやアクセスの下調べをもとに、何時に自宅を出て、何時から歩き始めるか。1日のおおよその予定を考えます。登山用の地図に書かれたコースタイムは、休憩の時間を含めていません。休憩やお昼休みを考えると、書かれているコースタイムの1・5〜2倍が、実際にかかる時間と考えてよいと思います。

歩行時間の短い山歩きでも、早め出発、早め下山を心がけます。展望のよい山は、朝早いほうが空気が澄んで山々がよく見渡せます。秋は日が落ちるのが早く、夕方には薄暗くなってしまいます。歩行時間3時間程度のゆる山でも、朝10時には歩き始めるようにしたいものです。

春

山のお花見に出かけましょう。
サクラにツツジ、ヤマブキ、レンギョウ。
山の斜面を、里山の庭先を、花木が彩ります。
足元にはカタクリ、スミレ、ニリンソウ、ヒトリシズカ。
寒い季節を耐え、待ちかねていたように咲き出す花々。
春の山はいのちの輝きに満ちています。

気軽に歩ける東京のオアシス

高尾山

たかおさん

599m　1時間40分

都心から電車でわずか1時間。高尾山は多くの人に親しまれている「東京のオアシス」です。自然研究路が整備され、いくつものルートがあります。そのなかでもおすすめは1号路。山頂まではほぼずっと舗装された散策路になっています。

まずは高尾山ケーブルカー清滝駅から高尾山駅へ。日本で最も急勾配のケーブルカーを降りたら散策スタート。歩きやすい平らな道が続きます。「霊気満山」の額がかけられた山門をくぐり、さらに歩くと薬王院に到着。境内には願いのかなう輪くぐりや、六根清浄《ろっこんしょうじょう》石車など御利益スポットもたくさん。

石段を上って奥の院を過ぎると、木々が茂り山の雰囲気が深まります。涼しい風が吹き抜けて心地よい感じ。樹林の中をゆるやかに歩いていくと、明るく開けた高尾山の山頂に到着。広々とした山頂で、人々が思い思いにくつろいでいます。広い山頂には茶店も何軒かあります。少し進むと展望台のようになった大見晴園地があります。目の前に富士山が大きく眺められます。富士山の左手に見えているのは大山や蛭ケ岳など丹沢（神奈川県西部）の山々。

帰りは来た道を戻り、ケーブルカーかリフトで下山。体力に余裕があるなら清滝駅まで登山道を下るのもいいでしょう。小川沿いを歩く6号路は、静かな山の雰囲気が満喫できます。下山後は高尾山名物とろろそばをどうぞ。駅周辺にお店が点在しています。

❶高尾山山頂の大見晴園地からは富士山が一望　❷ケーブルカーで楽々アクセス　❸薬王院でお参りを

：新宿から京王線準特急で約50分、高尾山口駅下車。高尾山口駅から徒歩5分で高尾山ケーブルカー清滝駅へ

：高尾山駅（30分）薬王院（20分）高尾山（50分）高尾山駅

WC：ケーブルカーの各駅、山頂近くにあり

：例年6月中旬～10月中旬に、高尾山駅そばのレストランでビアガーデン「高尾山ビアマウント」が営業

問：八王子市役所 TEL042-626-3111
高尾登山電鉄 TEL042-661-4151

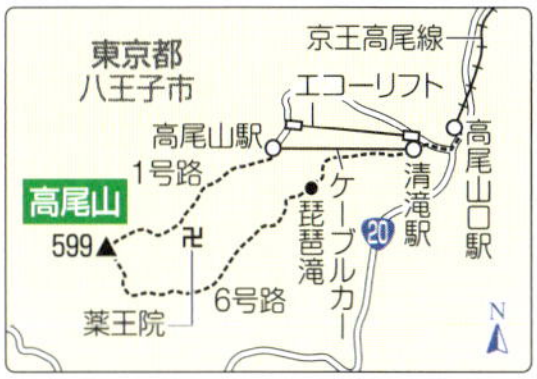

京王高尾山温泉　極楽湯

高尾山口駅に隣接する日帰り温泉施設。檜造りの内湯や天然温泉の露天岩風呂、炭酸風呂など、さまざまなお湯が楽しめて、山歩きの汗を流せます。併設のお食事どころで、高尾名物のとろろそばや麦とろ飯なども味わえます。

東京都八王子市高尾町2229-7 TEL042-663-4126

神奈川県

菜の花畑と港湾を一望

大楠山

おおぐすやま

241m　2時間20分

短いブーツのような形をした三浦半島の、足首の付け根あたりにそびえる大楠山。標高は２４１メートル、三浦半島最高峰なのです。ぐるりと海に囲まれた景色を楽しみに出かけましょう。

　前田橋バス停から、前田川遊歩道を歩いていきます。舗装道路沿いに進むことも、川沿いの遊歩道を歩くこともできますが、雨上がりのときは遊歩道が濡《ぬ》れて危ないのでご注意を。途中から道標に従って大楠山への登山道に取り付きます。

　緩やかな樹林の道が続いています。広葉樹なので春は新緑、秋は紅葉がすてきです。ゆっくりと登っていくうちに、山頂近くの広場に到着。春先には一面が菜の花で覆われています。その向こうには真っ白いコブシの花や、オオシマザクラも咲いています。菜の花畑の際に散策路が設けられているので、ちょうどいい所で記念撮影などしてもいいでしょう。ちなみにこの広場、秋はメルヘンチックなコスモスのお花畑となります。

　大楠山の山頂まではもうひと登り。ちょっと急な丸太の階段を上りきると、展望台のある山頂に到着します。細い螺旋《らせん》階段の展望台は、高所恐怖症の人だと少し怖いかもしれません。しかし、展望台の最高所からは３６０度の展望、すばらしい景色が広がっています。横浜や横須賀の港、海に向かって延びる三浦半島、相模湾、天気に恵まれればうっすらと富士山の姿も眺められます。帰りは来た道を戻ります。

❶菜の花が広がる山頂直下の広場　❷山頂直下のレーダー雨量観測所　❸山頂からは海の眺めが

立石海岸

安藤広重の版画にも描かれたという、江戸時代から知られた景勝地。海に突き立てられたような「立石」が目を引きます。天気に恵まれれば、そびえる岩の向こうに富士山も眺められます。夕焼けに染まる様子も美しいです。前田橋バス停から海沿いのバス通りを歩いて10～15分です。

：東京駅からJR横須賀線で1時間、逗子駅下車。逗子駅から京急バスで25分、前田橋下車

：前田橋バス停（1時間20分）大楠山（1時間）前田橋バス停

WC：大楠山山頂、前田川遊歩道沿いにあり

：山頂の菜の花は３月下旬から４月上旬にかけてが見頃

問：横須賀市役所 TEL046-822-4000
京急バス逗子営業所 TEL046-873-5511

春告げるカタクリの群落

みかも山公園

みかもやまこうえん

210m（中岳）　2時間00分

早い春の山の花としてもっとも人気がある花のひとつがカタクリ。春先、広葉樹林の林床に、いち早く花を咲かせます。山で自然の群落を見つけるのはなかなか難しいですが、栃木県栃木市と佐野市にまたがる三毳《みかも》山で、すばらしい群落風景に出会えます。

三毳山は、古くは万葉集にも歌われた山。山頂一帯が公園となっていて、園内には歩きやすい散策路が整備されています。園内にカタクリの群生地があり、例年3月下旬～4月上旬が見頃です。さらに2月には福寿草、4月にはニリンソウやイチリンソウなど、春はさまざまな山野草に彩られます。

公共交通機関を利用する場合は、栃木駅からバスで道の駅みかもまで。すぐそばに公園の南口広場があります。南口広場から散策路を進み、三毳神社にお参りをしていきましょう。ここから中岳の山頂へは20分ほど。山頂手前のパラグライダー場は、ちょっとした絶景ポイントです。中岳を過ぎたら山頂広場に向かい、かたくりの園へ。

三毳山の東斜面、樹林を埋め尽くすようにカタクリが咲き乱れ、ピンク色の花を下向きにつけています。カタクリに混じってアズマイチゲなど春先の花も見られます。かたくりの園をぐるりと周遊したら、中岳経由で南口広場に戻ります。

しっかり登山気分を味わいたいなら、三毳山の最高地点の青竜ケ岳へ足を延ばしてみましょう。山頂広場から片道25分の道のりです。

❶斜面を埋め尽くすカタクリの花　❷園内は歩きやすく整備されている　❸子供達でにぎわうわんぱく広場

蔵の街・栃木

日光例幣使街道の宿場町として栄えた栃木市は、今も街のあちこちに立派な蔵造りの建物が残っています。巴波川沿いの「蔵の街遊歩道」には、古い建物を使った資料館や美術館などが点在し、館内を見学するのも楽しみです。栃木駅を起点に散策をしてみるのもいいでしょう。

：浅草駅から東武日光線・鬼怒川線特急で1時間10分、栃木駅下車。栃木駅から栃木市営バスで35分、道の駅みかも下車

：南口広場（20分）三毳神社（35分）山頂広場（30分）中岳（35分）南口広場

WC：南口広場、山頂広場など

：三毳山の北側斜面は「万葉自然公園かたくりの里」として整備されていて、こちらもカタクリの群落がすばらしい

問：みかも山公園管理事務所 TEL0282-55-7272
栃木市役所（市営バス）TEL0282-22-3535

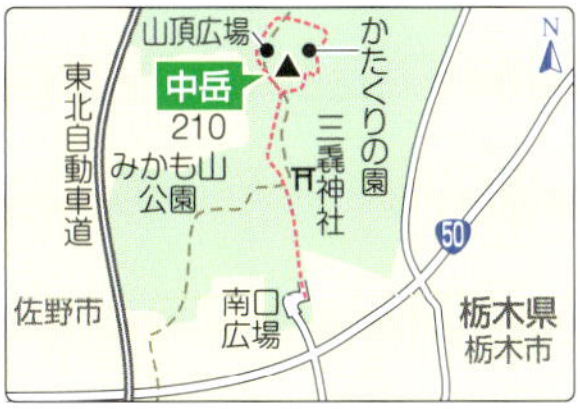

神奈川県

サクラ満開の里山へ

弘法山公園

こうぼうやまこうえん

244m　1時間50分

春を代表する花木のひとつがサクラ。満開のサクラを求めて、ゆる山歩きに出かけましょう。神奈川県秦野市の弘法山公園は、手軽にサクラのお花見が楽しめる山です。

　スタートは秦野駅から。川沿いを歩き、道標に従って弘法山公園の入り口へ。町中から一気に樹林帯に入ります。登り始めはやや急。ゆっくりと登っていきましょう。登り切ると見晴らしがよくなり、晴れていれば富士山の姿も。さらに進むと「浅間山」の木製の看板が現れます。この浅間《せんげん》山と権現山、弘法山のある一帯が弘法山公園として整備されているのです。

　浅間山から権現山へは、いったん車道に出てからさらにひと登り。やはり最後がちょっと急な丸太の階段です。登り切ると展望台の建物が立つ権現山の山頂に到着。広い芝生の広場で、周りにサクラ（ソメイヨシノ）の木々が植えられています。例年サクラの見頃は3月下旬～4月上旬。この時期の週末は多くの花見客でにぎわいます。平日や早朝に訪れて静かにサクラをめでるもよし、にぎやかに花の宴を楽しむもまたよし、です。

　帰りは来た道を戻って秦野駅へ。駅周辺で秦野名物の落花生をお土産に買っていくのもよいでしょう。ちなみに、公園の名にもなっている弘法山は権現山から徒歩20分ほど。権現山から弘法山への尾根道、通称「馬場道」も、のんびりと歩きたくなる、すてきな桜並木です。

❶権現山の山頂からは丹沢・箱根の山々が眺められる
❷権現山の山頂に建つ展望台　❸弘法山の山頂は鐘楼が

：新宿駅から小田急急行で1時間5分、秦野駅下車。

：秦野駅（20分）弘法山公園入口（40分）権現山（30分）弘法山公園入口（20分）秦野駅

WC：浅間山山頂直下、権現山山頂直下に

：弘法山公園はサクラ以外の花も豊富。初夏にはアジサイやヤマユリ、冬にはロウバイなども見られる

問：秦野市役所 TEL0463-82-5111

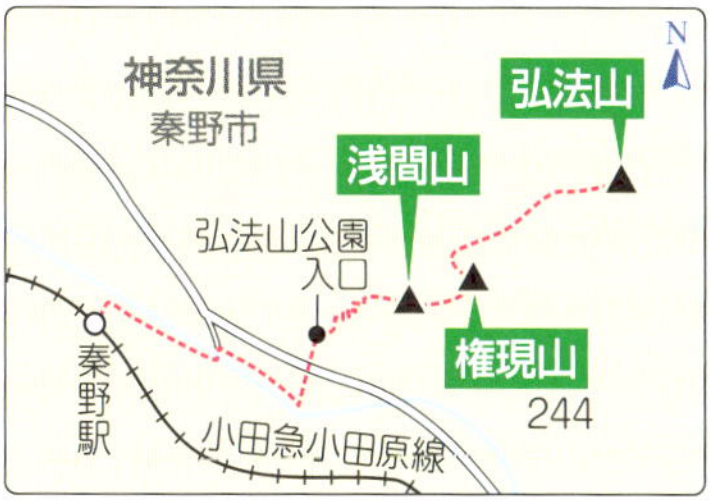

弘法の里湯

秦野駅の2駅となり、鶴巻温泉駅から徒歩2分の日帰り温泉。なめらかな肌触りの温泉を、露天風呂と内湯で楽しめます。入浴後は広々とした大浴場でのんびりとくつろぐことができ、併設の食事どころもあります。
神奈川県秦野市鶴巻北3-1-2 TEL0463-69-2641

東京都

山頂一帯にミツバツツジ

弁天山

べんてんやま

292m　1時間25分

山麓のサクラが盛りを過ぎると、山のお花見が楽しい季節の到来です。東京都あきる野市の低山、弁天山に山のツツジを見に行きましょう。

ＪＲ五日市線の武蔵増戸《むさしますこ》駅からスタート。道標に沿って舗装道路を30分ほど歩くと、登山口に。赤い鳥居をくぐると、山道が始まります。山道といっても歩きやすくなだらかな登り道。カエデやヤマザクラなどが茂る広葉樹の林、この時期はまだ葉を落としていますが、芽吹き、新緑の時期もすてきです。

歩いていくと弁天山と城山への分岐があり、弁天山方面に進み、少し岩っぽいところを登り切れば、ほどなく山頂です。人が数人立てばいっぱいになってしまうような、それほど広くない山頂、木々の向こうに町並みが眺められます。

弁天山の山頂一帯には、ミツバツツジ（ムラサキツツジともいう）というツツジが多く見られます。山で見られるツツジはいくつか種類がありますが、ミツバツツジはその中でも真っ先に咲く花です。花の見頃は4月上旬。広葉樹が芽吹き始める前、葉よりも先に赤紫色の花をつけるので、春先の山でとてもよく目立つのです。園芸種の華やかなツツジを見慣れていると、山のツツジの持つ自然さや、はかない風情が新鮮に感じられるかもしれません。花が散ると枝の先に3枚の葉をつけるのが名前の由来です。

帰りは来た道を戻って、武蔵増戸駅に向かいます。

❶弁天山山頂からは関東平野が見渡せる　❷古い石の道標が残されていた　❸赤い鳥居をくぐって登山道へ

小峰ビジターセンター

秋川丘陵周辺の自然に関する案内をしています。建物のある小峰公園は豊かな自然が残り、散策路も整備されています。ガイドウォークや自然体験教室なども随時開催しています。武蔵五日市駅から徒歩30分。

東京都あきる野市留原284-1 TEL042-595-0400

：新宿駅からJR中央線快速・五日市線で1時間30分、武蔵増戸駅下車

：武蔵増戸駅(30分)弁天山登山口(15分)弁天山(10分)弁天山登山口(30分)武蔵増戸駅

WC：武蔵増戸駅、弁天山登山口にあり

：歩き慣れた人なら、城山、小峰公園へと足を延ばし、武蔵五日市駅に下山してもよい。城山からの下りがやや急なので注意

問：あきる野市役所 TEL042-558-1111

埼玉県

山頂から山々の眺めがすばらしい

天覧山

てんらんざん

197m　1時間10分

思い立ったら気軽に行ける、眺めのよい低山として、おすすめなのが天覧山。奥武蔵の入り口、飯能《はんのう》駅から歩いて登れるアプローチのよさも魅力です。

　飯能駅から登山口までは20分ほどの舗装道路歩き。ところどころ蔵造りの建物が残されていて、風情があります。道標に従って進み、能仁寺の境内から山の雰囲気になっていきます。はじめはコンクリートの道、両側が石垣に囲まれています。少し傾斜もあるのでゆっくり歩いていきましょう。天覧山中段と書かれた看板から山道になります。少し進むといくつもの石仏（十六羅漢《らかん》）が岩場に祀《まつ》られています。穏やかに登山者を見守っているような像、ユニークな表情の像など、さまざまな姿を楽しんでいるうちに、石と丸太の階段を上り、山頂に到着します。

　コンクリートの広々とした展望台があり、飯能市街が一望に見渡せます。天気に恵まれれば、奥多摩や丹沢の山々、さらには富士山の姿が思ったより大きく見られるでしょう。東京スカイツリーも見られます。かつて明治天皇が陸軍の演習をこの地でご覧になったことから「天覧山」の名前がつきました。その前は、羅漢山と呼ばれていたそうです。

　十分に景色を楽しんだら、来た道を戻ります。帰りに、能仁寺の庭園を見学していくのもいいでしょう。山麓の飯能中央公園は桜の名所として地元の人々に人気があり、時期が合えばここでお花見をしていくのもよさそうです。

❶山頂展望台からは丹沢、奥多摩の山々も眺められる　❷表情豊かな羅漢像　❸飯能中央公園は桜の名所

四里餅

飯能を代表する和菓子、四里餅（しりもち）。飯能の和菓子店・大里屋本店で製造販売しています。小判型の大福餅で、中には上品な甘みのあんがぎっしり。食べごたえがあります。つぶあんとこしあんがあります。

埼玉県飯能市永田453

TEL 042-972-3600

：池袋駅から西武池袋線急行で50分、飯能駅下車

：飯能駅（20分）天覧山入口（20分）天覧山（10分）天覧山入口（20分）飯能駅

WC：飯能駅、天覧山中段にあり

：「天覧山」の名がついた清酒が、飯能市の蔵元、五十嵐酒造で造られている。山のお土産にいかが

問：飯能市役所 TEL 042-973-2111

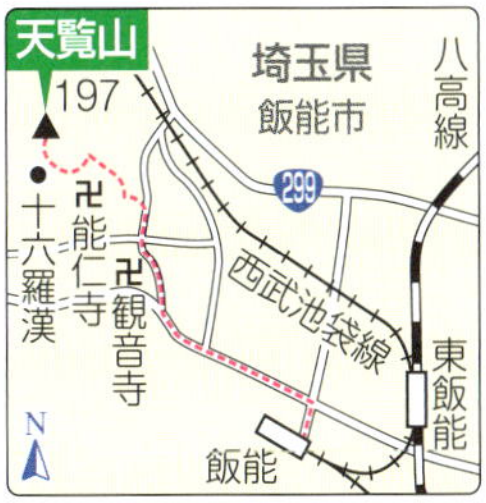

埼玉県

秩父の「美の山」でお花見

蓑山

みのやま

582m　2時間40分

埼玉県秩父地方に「関東の吉野山」と称される山があるのをご存じですか？　蓑山という標高600メートル弱の山ですが、約8千本ものサクラがあり、春にはすばらしい桜の園となります。山頂一帯が「美《み》の山公園」として整備されていて、直下まで車で入ることができるのですが、春先は足元に咲くさまざまな草花も楽しみながらの駅からハイキングがおすすめです。

スタートは秩父鉄道の親鼻《おやはな》駅から。登山口までは道標もしっかりついています。萬福寺から登山道に入ります。小さなアップダウンはありますが、歩きやすい道です。途中で一度車道を横切り、さらに進んでいきます。明るい樹林で、足元にはさまざまな草花が咲いています。みはらし園地を過ぎると、舗装道路も現れ、公園らしい雰囲気に。周りにはヤマザクラやヤマツツジも多く見られます。

蓑山の山頂は広場になっていて、観光客やハイカーが思い思いにくつろいでいます。山頂周辺にはソメイヨシノが多く、少し手前のあたりには八重桜のエリアも。さまざまな種類のサクラがあり、少しずつ見頃も違うので、長くサクラが楽しめるのもうれしいところです。

山頂からは和銅黒谷《わどうくろや》駅に下山していきます。山道をどんどん下っていき、住宅街に入ってからは道標をたよりに進みます。春は民家の庭先の花々も風情があってすてきです。時間があれば和同開珎《かいちん》の碑に立ち寄っていってもいいでしょう。

❶山頂の園地はソメイヨシノが満開　❷山頂の展望台には山名盤も　❸山頂付近、榛名神社の狛犬

和同開珎の碑

秩父はかつて和銅（自然銅）の産地で、和同開珎は秩父から朝廷に献上された和銅で造られたと言われています。現在も黒谷地区には和銅の露天掘りの跡が残り、和同開珎をかたどった碑が立てられています。

：池袋駅から西武線特急で1時間20分、西武秩父駅下車。徒歩5分ほどの御花畑駅から秩父鉄道で23分、親鼻駅下車

：親鼻駅（1時間10分）みはらし園地（30分）蓑山（40分）和同開珎の碑（20分）和銅黒谷駅

WC：蓑山山頂一帯に数カ所あり

：桜の見頃は4月中旬～5月上旬、ヤマツツジは5月上旬～中旬

問：秩父市役所
TEL0494-22-2211
皆野町役場
TEL0494-62-1230
埼玉県秩父環境管理事務所
TEL0494-23-1511

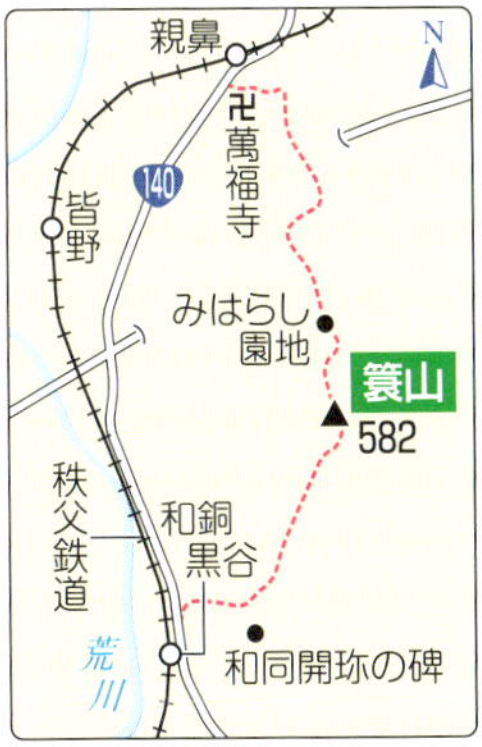

福島県

山全体が花木で彩られる

花見山

はなみやま

180m　1時間30分

ちょっとだけ遠出して、山のお花見をしませんか。紹介するのは福島県の「花見山公園」。文字通り、花で埋め尽くされた山です。もともとは花を栽培する農家が、家の敷地内の山に花を植え、育て続けていて、花の季節に敷地を一般に開放しています。敷地内には散策路が整備され、所要30分〜1時間程度で一周することができます。開花時期は交通規制もあるので、福島駅から臨時バスでアクセスします。

　バス乗り場から公園入口の観光案内所までは山村集落の中を歩いていきます。ここからすでにサクラやレンギョウなどの花木が出迎えてくれます。芽吹きの木々とサクラがまるで春霞のように幻想的です。ログハウスの観光案内所でパンフレットなどをもらってスタートしましょう。

　散策路は反時計回りの一方通行。山頂の展望台までは、花を眺めながらゆるやかに登っていきます。ピンク色のサクラ、黄色いレンギョウ、濃い桃色のハナモモやボケなど、さまざまな花木が道沿いを彩ります。ところどころで視界が開け、山の斜面や山麓の花風景が眺められます。道中にはあずまやも点在するので、景色を眺めつつ休憩してもよさそうです。

　あずまやのある山頂展望場からは、吾妻《あづま》連峰と福島市街が一望のもと。少し時間をとって休んでいくといいでしょう。下り道は少し急なところもあります。慎重に、ゆっくりと歩きます。散策路入口からは来た道を戻ります。

❶サクラやレンギョウ、菜の花などが咲き誇る　❷サクラの向こうに吾妻連峰を望む　❸公園への道沿いも花盛り

物産ひろば

花が見頃を迎える4月上旬～下旬にかけて開催。福島の名産品の販売をおこなっています。フルーツを使ったお菓子や農産物加工品、漬物や地酒など、土地ならではの商品との出会いが楽しみです。また、地元農家による花木や新鮮な野菜の直売や、花の写真展示などもあります。

：JR福島駅からタクシー約15分。桜のシーズンに合わせて、花見山公園行きの臨時バスを運行

：シャトルバス停留場（15分）観光案内所（30分）山頂展望場（30分）観光案内所（15分）シャトルバス停留場

WC：シャトルバス乗り場、公園入口にあり

：花見山公園周辺は花木生産農家の集落。花木畑の中に勝手に立ち入らないこと

問：福島市観光案内所
TEL 024-522-3265

長野県

日本有数の山岳リゾートへ

上高地《かみこうち》

1500m　1時間00分

日本を代表する山岳リゾート地・上高地。槍ケ岳や穂高連峰など北アルプスの名峰の登山の起点となる場所で、多くの登山者が訪れると同時に、自然散策を楽しむ観光客でもにぎわう地域です。いくつかある散策路の中でも定番人気コースである、大正池～上高地の「上高地自然研究路」を歩いてみましょう。雪解け直後、木々の芽吹きや草花のお花見が楽しみです。

スタートは大正池から。バス停を出発し、大正池を左手に眺めながら歩きます。立ち枯れた木々が池から突き出している様子が独特の雰囲気です。池越しに見られる大きな山は焼岳《やけだけ》。今も噴火活動が活発な火山です。カラマツやハルニレの茂る散策路を歩いていくと、田代湿原へ。湿原越しに穂高連峰の岩峰の連なりが見事です。少し寄り道して田代池まで足を延ばしてみましょう。

田代湿原から先、道は林間コースと梓《あずさ》川コースに分岐しますが、所要時間はどちらも同じ程度。道が合流したらほどなく田代橋。ここも梓川越しに穂高連峰、明神岳《みょうじんだけ》が望める絶景スポットです。その先、中の瀬園地で休憩していきましょう。初夏にはニリンソウの群落が見られます。中の瀬園地から梓川沿いの散策路を進めば、20分ほどで上高地バスターミナルに到着します。

上高地の代表的観光スポット・河童橋へはバスターミナルから5分ほど。吊り橋から穂高連峰を眺めましょう。梓川沿いのホテルのカフェで一息つくのもおすすめです。

河童橋と梓川、穂高連峰。上高地を代表する景観

上高地ビジターセンター

上高地の自然に関する情報を得られます。槍ヶ岳や穂高岳などの登山道情報のほか、上高地で見られる動植物や地形に関する展示なども行われています。自然に詳しいスタッフによるガイドウォークも開催しています。上高地バスターミナルから徒歩3分。

TEL0263-95-2606

：新宿駅からJR中央線特急で約2時間半、松本駅で松本電鉄に乗り換え、30分で新島々駅へ。新島々駅からアルピコ交通バスで50分、大正池下車
※沢渡～上高地はマイカー規制あり

：大正池（30分）田代橋（30分）上高地バスターミナル

WC：上高地バスターミナル、田代橋など数カ所あり

：4月下旬～11月上旬、新宿から上高地に直行する高速バス「さわやか信州号」をアルピコ交通が運行

問：松本市アルプス山岳郷 TEL0263-94-2221
アルピコ交通新島々営業所 TEL0263-92-2511

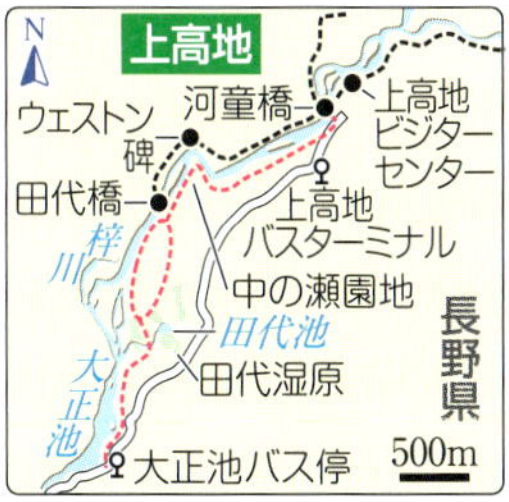

湖面に映る雄姿を望む

榛名富士

はるなふじ

1391m　0時間55分

山には「登って楽しい山」だけでなく「見て楽しい山」もあります。榛名山は、登っても、見ても楽しめる山です。「榛名山」は、最高峰の掃部《かもん》ケ岳をはじめとするいくつかの山の総称。高速道路など遠くから見ると、ポコポコと山々が連なり、まるで恐竜の背中のようです。

　榛名山のひとつ、榛名湖のほとりにそびえる榛名富士は、名前のとおり富士山のような端正な姿の山。ロープウエーで山頂近くまでアクセスできます。榛名湖バス停から湖畔の道をのんびりと歩いて、山麓のロープウエー榛名高原駅へ。赤と白の小さなゴンドラ風のロープウエーに乗れば、約3分で山頂駅に到着します。山頂駅からは階段を上って山頂へ。途中に榛名富士神社でお参りをしていきましょう。登り切った山頂からは関東平野が一望のもとに見渡せて気分爽快。なだらかな山容の浅間山も間近に眺められます。天気に恵まれれば富士山や東京スカイツリーの姿も。

　景色を楽しんだら、ロープウエーで来た道を戻ります。ロープウエーを使わずに山麓まで歩くこともできますが、本格的な山道で少し歩きにくいところもありますから十分注意して。

　山麓の駅に着いたら車道を歩いて榛名湖バス停に戻ります。青々とした水をたたえた湖越しに、登ってきた榛名富士を眺めてみましょう。湖畔の道は初夏にはツツジも多く見られます。

❶榛名湖に面してそびえる榛名富士　❷かわいらしい形のロープウエーでアクセス　❸榛名富士神社

榛名湖

標高1084m、日本で2番目に高いところにある湖。榛名山の噴火でできたカルデラ湖です。山々に囲まれ、青々とした湖水をたたえています。湖畔には温泉が湧き、温泉宿で日帰り入浴もできます。湖畔の食堂では、名物のワカサギ料理が定食などで味わえます。

：JR高崎線高崎駅から群馬バスで1時間25分、榛名湖バス停下車

：榛名富士山頂駅（10分）榛名富士（5分）榛名富士山頂駅／榛名湖バス停～榛名山ロープウェイ榛名高原駅（山麓）は片道20分

WC：ロープウエイの各駅にあり

：山麓には温泉ホテル「榛名湖温泉ゆうすげ」があり、日帰り入浴も可能

問：高崎市役所榛名支所 TEL027-374-5111
群馬バス榛名営業所
TEL027-374-0711

大展望のお鉢めぐり

大室山

おおむろやま

580m　0時間30分

まるでお碗を伏せたような、丸くてなだらかな形の山。伊豆半島の東海岸にそびえる大室山は、伊東市のランドマークです。きれいな形の山は、約4千年前の噴火でできたもの。もとは平らな土地が噴火し、噴出物が円すい状に広がって固まったのです。山全体が国の天然記念物で、現在は残念ながら山麓から歩いて登ることはできませんが、リフトを使って山頂に向かうことができます。

山頂まではリフトで5分ほどの空中散歩。登っていくにつれて、背後に海の眺めが広がっていきます。山頂はお鉢になっていて、1周1キロの山頂遊歩道が整備されています。ゆっくり歩いても30分程度の道のりです。歩いてみましょう。リフト乗り場を降りてすぐに山名の標識がありますが、大室山の山頂は、実はリフト山頂駅から歩いてお鉢の反対側。遊歩道を歩いていくと、道中にお地蔵様が並んでいるのが見られます。漁師たちが海上の安全を願って立てたものなどです。

富士山がひときわ大きく眺められ、海の向こうに伊豆七島、房総半島もくっきりと眺められます。空気がよく澄んだ日には、遠くに南アルプスの山々を望むこともできます。周りは青々とした草原、よく見ると足元には小さな草花が咲き、秋はススキで銀色に彩られます。

景色を十分に楽しんだらリフトで下山します。山頂・山麓駅には売店があるので、オリジナルグッズや土地の名産品をお土産にどうぞ。

❶平地からこんもりと盛り上がっている大室山　❷散策路から伊豆大島を眺めて　❸リフトで楽々アクセス

：伊豆急行伊豆高原駅からバス25分、シャボテン公園下車。リフト乗り場まで徒歩1分

：リフト山頂駅（30分）リフト山頂駅

WC：リフト山頂駅、山麓駅にあり

：お鉢の地形を利用したアーチェリー場があり、未経験者でも気軽に楽しめる

問：伊東観光協会 TEL0557-37-6105
伊豆東海バス TEL0557-37-5121
大室山リフト TEL0557-51-0258

伊豆シャボテン公園

大室山の麓に広がる公園。5つの大温室があり、1500種類ものサボテンや多肉植物が栽培されています。園内を自由に歩く動物を見ることもでき、ショーやご飯タイムの見学、えさやり体験などのイベントも。

静岡県伊東市富戸1317-13
TEL0557-51-1111

ゆる山コラム 01

水分補給と日光対策で快適に

夏のゆる山歩き

梅雨が明けると、本格的な夏山シーズンの到来です。夏のゆる山歩きを楽しく、快適に過ごすポイントをお伝えします。

暑さ・日焼け対策

日差しが強く暑いので、まずは熱中症対策を。つばつきの帽子をかぶったり、うなじをバンダナなどで覆ったりするといいでしょう。水分補給も忘れずに。水筒（ペットボトルの飲料でも）を持っていき、こまめに水を飲むようにします。喉が渇いたときに一気飲みするのではなく、少量をこまめに飲むことがポイントです。

日焼け対策も大切です。過度の日焼けは火傷《やけど》と同じ。日焼け止めクリームを塗りましょう。薄手の長袖シャツなどを着て「肌をさらさない」のも効果的です。半袖シャツに薄手のアームカバーをつけると日よけにもなり、暑いときの体温調節がしやすいです。忘れがちなのが首の後ろ側。襟のついたシャツを着るか、タオルや手ぬぐいなどで覆うとよいです。唇も日焼けで荒れやすいので、紫外線（ＵＶ）カット効果のあるリップクリームで保護しましょう。

また、汗をかいて衣服が濡《ぬ》れてしまうと、乾かずに汗冷えをしてしまいます。乾きやすい素材の服を身につけます。あるいは、下山後用に着替えのシャツなどがあるとよいでしょう。

虫刺され対策

初夏〜夏にかけては、蚊やブヨな

どの虫も多く、虫刺されにも注意が必要です。山で刺されるとひどく腫れてしまうこともあります。市販の虫よけスプレーを常備しておき、山に入るときは吹きかけておくとよいでしょう。また、刺されてしまったときのために、虫刺されの薬も用意しておきます。日焼け対策と同様に、素肌をさらさないことも対策のひとつです。

蚊やブヨに刺されてひどく腫れてしまった場合は、下山後、なるべく早いうちに病院を受診しましょう。たかが虫刺されとあなどってはいけません。放置しておくと腫れやかゆみ、痛みが長引いたり、虫刺されの跡が長く残ってしまうこともあるのです。

高い山に行くなら

標高2000メートル以上の高い山や高原リゾート地に行く場合は、「寒さ対策」も考えます。標高が高いほど気温は低くなり、風があると体感温度はさらに低くなります。夏でも薄手のシャツやウインドブレーカーなどを1枚持っていくとよいでしょう。コンパクトに収納できる薄手のダウンジャケットも有効です。

山岳地域では、午前中に天気がよくても、午後や夕方に雨あるいは雷の危険があります。散策などをする場合は極力午前中のうちに。そして、晴れ予報の日でも雨具（折り畳み傘、レインコートなど）は必ず持っていくようにします。

夏

暑い夏は、涼を求めて高い山へ。
目の前に広がる3千メートル級のパノラマ風景は
見ているだけでも心が躍ります。
足元には小さな高山の花々が
短い夏を惜しむように咲いています。
ダイナミックな山の景色に出会いませんか。

長野県

可憐なスズランが群生

入笠山

にゅうかさやま

1955m　1時間50分

日本アルプスや八ケ岳、名だたる山々を一望にできる展望の山、入笠山。花の山としても知られています。なかでも一番の見どころがスズラン。よい匂いを漂わせながら咲く白い花の姿は、清楚《せいそ》、可憐《かれん》という言葉がよく似合います。標高２千メートル近い山ですが、ゴンドラを利用すれば１８００メートル近くまで登ることができます。

　ゴンドラ山頂駅に降り立ったら、道標に従ってスズランの群生地を目指します。約１００万本が群生し、６月上旬から下旬にかけてが見頃です。群生地からいったん斜面を下り、入笠湿原へ。ここもアヤメやクリンソウなど、湿原の植物が多く見られます。整備された散策路を進んでマナスル山荘に着いたら、一息ついていきましょう。山の水でいれたコーヒーがおいしいです。ここからやや本格的な山道になります。樹林の中を進み、道がふたつに分かれるところは「岩場迂回《うかい》コース」に進みます。少し登りごたえのある道をがんばって登り切ると、山頂に到着です。

　広々として、木々もあまり生えていない山頂は、まさに３６０度の大展望。屏風のように連なる日本アルプスの山々。富士山も思ったより大きく眺められます。心ゆくまで景色を楽しんだら、来た道を戻ってゴンドラ山頂駅に向かいます。山頂駅まで戻ったら、入笠すずらん山野草公園にも立ち寄っていきましょう。春から秋にかけて、１００種類以上の花が楽しめます。

❶展望に優れた入笠山山頂。背後にそびえる山は八ケ岳　❷のびやかに広がる入笠湿原
❸可憐な花姿のすずらん　❹コオニユリなど草原の植物も多い

入笠すずらん山野草公園

ゴンドラ山頂駅を降りるとすぐ、標高1780mに広がる花の公園。園内を色とりどりの花が彩り、ゴールデンウイークから秋にかけて100種類以上の山野草を楽しめます。5月下旬～6月にかけては20万本以上のすずらんも。花畑の一角には展望台もあり、八ケ岳の眺望を楽しめます。

：新宿駅からJR中央線で2時間15分、富士見駅下車。富士見駅からタクシー10分で富士見パノラマリゾートへ。ゴンドラ約10分で山頂駅へ

：ゴンドラ山頂駅（20分）マナスル山荘（40分）入笠山（30分）マナスル山荘（20分）ゴンドラ山頂駅

WC：マナスル山荘、山彦荘付近にあり

：マナスル山荘から先は本格的な登山道。登山専用の服装、装備がベター

問：富士見町役場 TEL0266-62-2250
富士見パノラマリゾート TEL0266-62-5666

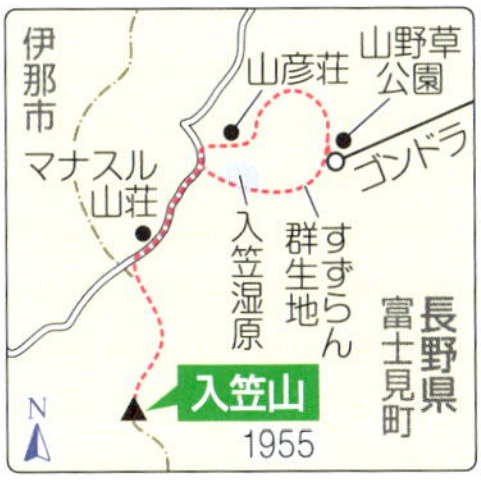

石段のアジサイに風情

太平山

おおひらさん

341m　1時間10分

梅雨どきの花といえばアジサイ。アジサイをめでる、ゆる山歩きはいかがでしょう。栃木市の低山、太平山は人気の花の山。春のサクラ、秋は紅葉が美しく、梅雨時にはアジサイが見頃を迎えます。アジサイの見頃に合わせて例年「太平山とちぎあじさいまつり」が開催されていて、和楽器の演奏や写真コンテストなどがあります。例年6月中旬〜7月上旬です。

　バス停から歩き始め、鳥居をくぐると太平山神社の境内になります。千段近く続く石の階段を上っていきます。石段の両側にはアジサイが咲き乱れています。西洋アジサイやガクアジサイ、ヤマアジサイなど約2500株が競うように咲き誇り、そのためこの坂は「あじさい坂」と呼ばれているのです。青や赤紫色のしっとりした風情のアジサイが、長く続く坂の疲れを癒やしてくれるようです。

　石段がだんだん急になり、ゆっくり上っていくと、太平山神社の本殿に到着。社務所ではいろいろな御利益のお守りがあり、足腰の健康を守るお守りも売られています。

　ここから山頂までは、登山道を歩いて15分ほどの道のり。本殿の右手から登山道が続いています。山頂には富士浅間神社の小さな社が立っていますが、木々に囲まれて見晴らしはありません。帰りは来た道を戻ってバス停まで。時間に余裕があれば、謙信平に立ち寄っていきましょう。天候に恵まれれば、山々の向こうに富士山まで見渡せます。

①しっとりとした風情のあじさいが満開　②太平山神社の本殿　③富士浅間神社の社が建つ太平山山頂

じゃがいも入り焼きそば

栃木市、足利市などで味わえるご当地やきそば。このあたりでは戦時中から食べられていたと言われ、キャベツや肉とともに、大きくカットされたじゃがいもがゴロゴロと入っています。じゃがいもとソースの相性もよく、満腹感が得られます。

：上野駅からJR東北本線で1時間15分、小山駅で両毛線に乗り換え11分、栃木駅下車。栃木駅から国学院前行きバスで20分、終点下車

：国学院前バス停（25分）太平山神社（15分）太平山（10分）太平山神社（20分）国学院前バス停

WC：あじさい坂途中にあり

：下山後は山麓の茶店で、お茶にお団子など甘いものはいかが

問：栃木市観光協会 TEL0282-25-2356
関東自動車（バス）TEL0282-22-2645

千葉県

霧の中に広がるアジサイの群落

麻綿原高原

まめんばらこうげん

340m　2時間00分

梅雨どき、雨でも楽しめるアジサイ巡りはいかがでしょう。千葉県、房総半島の麻綿原高原は、アジサイの名所。高原にある妙法生《みょうほうしょう》寺の境内に住職が育てたアジサイが、約2万株の群落となっています。関東周辺のアジサイの見頃は6月ですが、標高がやや高く、気温差もある麻綿原高原のアジサイは、見頃がやや遅く、7月上旬から下旬にかけてです。

　清澄寺《せいちょうじ》からハイキングコースを歩いてみましょう。よく整備された散策路で、心地よく歩けます。このあたりは東京大学の演習林にもなっていて、さまざまな樹木が楽しめるのもうれしいところです。海からの風を受けながらのんびり歩くうちに、アジサイが咲き乱れる高原に到着します。

　広い斜面を埋め尽くす青紫色のアジサイの群落は、ため息が出るほどの美しさ。晴れているときも美しいですが、うっすらと霧に煙る中、水滴をキラキラとさせながら咲くアジサイも幻想的です。品種が和種のみで青紫色と白だけの色合いなのも、素朴でしっとりとした風情を醸し出しています。がんばって展望台まで上ってみると、花咲き乱れる斜面の向こうに房総の山々が眺められて、疲れも吹き飛びます。

　帰りは来た道を戻ります。時間が許せば、日蓮上人が日蓮宗を開いた古刹《こさつ》・清澄寺を拝観していきましょう。江戸時代に建てられた本堂や仁王門、樹齢800年の杉の大木など、境内には見どころも多いです。

しっとりとした風情のアジサイが山一面に咲き誇る

もみの郷会所

森の中にひっそりと建つ、現在は廃校になった小学校の校舎が残されています。現在は、日曜にそば打ち体験教室を開催。地元の畑で栽培したそばを使ってそばを打ち、味わうことができます。

千葉県夷隅郡大多喜町会所154
TEL0470-80-1146（大多喜町観光協会）

：東京駅からJR外房線で安房天津駅へ。安房天津駅からバスで20分、清澄寺バス停下車

：清澄寺バス停（1時間）麻綿原高原（1時間）清澄寺バス停

WC：麻綿原高原の天拝園内にあり

：バスの本数が少ないので、事前に時刻の確認を

問：大多喜町観光協会 TEL0470-80-1146
鴨川日東バス TEL04-7092-1234

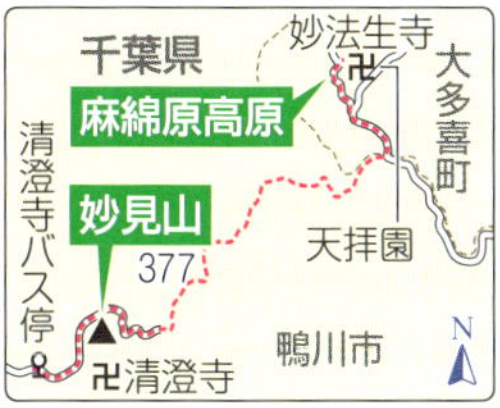

長野県

高原彩るニッコウキスゲ

車山

くるまやま

1925m　1時間05分

梅雨が明けたら、さわやかな風に吹かれて、ゆる山歩きに出かけませんか。車山は、7月に見頃を迎えるニッコウキスゲの名所です。

車山の山頂へは、車山高原バス停から2本の展望リフトを乗り継いでアクセスします。周りには草原が広がり、見頃の時期には黄色いニッコウキスゲがまるで絨毯《じゅうたん》のように咲き乱れています。山頂駅を降りたら、階段状の登山道を歩いて5分ほどで山頂に到着してしまいます。白い球体がついた建物は、気象レーダー観測所です。

周りに木々もなく、さえぎるもののない360度の大展望。平野から島のようにそびえる八ケ岳、屏風《びょうぶ》のように連なる日本アルプスの山々が見事です。富士山もちょこんと顔を出しています。山名盤で見えている山を確認してみましょう。

帰りは、リフトから見た草原の中を歩いて、車山高原まで戻りましょう。車山乗越までは、蓼科山を目の前に望み、白樺湖を見下ろしながら、やや急な階段の下り。十分注意して歩きます。そのあとは歩きやすく整備された砂利道が続きます。ニッコウキスゲや草原の花がちらほらと咲くお花畑のまっただなか、のんびり歩いて下りましょう。

例年、ニッコウキスゲの見頃は7月上旬～下旬。年によって開花状況には違いがあります。お花目当てに行くなら、開花状況を車山高原公式サイトなどで確認しておくとよいでしょう。

❶丸太の階段を登って車山の山頂へ　❷山頂からは360度の展望が楽しめる　❸草原をニッコウキスゲが埋めるのは7月上旬〜下旬

トップス360°

車山高原リフトの乗り換え場所に建つカフェ。明るいガラス張りの店内からは、八ケ岳など、周りの山々が見渡せて快適です。手作りケーキやオリジナルドリンクで一息つきましょう。フードメニューも豊富です。
長野県茅野市北山3413
TEL 0266-68-2723

- 🚉：JR中央線茅野駅からバスで約1時間、車山高原下車。車山高原からリフト2本で山頂駅へ
- ▶：山頂駅（5分）車山（1時間）車山高原
- WC：フト山麓駅、山頂駅にあり
- 💡：歩き慣れた人なら、車山から蝶々深山を経て八島ケ原湿原への稜線歩きもおすすめ。草原の花、湿原の花が楽しみ
- 問：車山高原観光協会 TEL 0266-68-2626
アルピコ交通（茅野）TEL 0266-72-2151

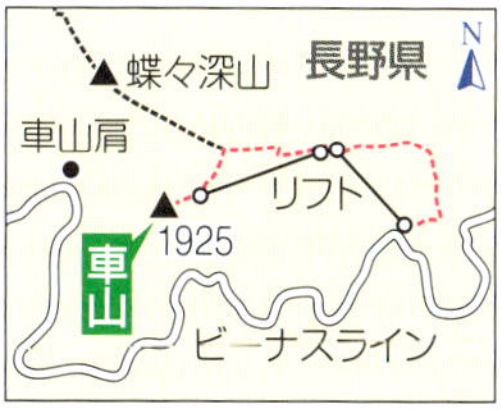

ロープウエーで雲上へ

千畳敷カール

せんじょうじきかーる

2612m　0時間40分

標高３千メートル近い山々が連なる日本アルプス。雲をも下に眺める絶景が魅力です。多くの山は専用の服装・装備を身につけて、山麓から歩かなくてはなりませんが、ロープウエーなどでアクセスができる山もあるのです。中央アルプスの最高峰、標高２９５６メートルの木曽駒ケ岳は、ロープウエーを使って標高２６１２メートルまでアクセスをすることができます。登頂するには専用の装備が必要ですが、山々を間近に眺める散策路を歩いてみましょう。

　千畳敷に降り立つと、真っ白い岩の峰がぐるりと取り囲むようにそびえています。千畳敷カールといい、氷河期の氷が山を削ってできた地形だといわれています。山々に囲まれたお碗《わん》の底の部分は1周1時間弱の散策路になっています。散策路を時計回りに1周してみましょう。

　石畳状の道をゆるやかに登っていきます。目の前に見えている白い岩峰は宝剣岳。山の斜面は青々とした草が茂り、白や黄色の高山植物が咲き乱れ、まさにお花畑。約１５０種類ほどの花が次々に咲いていきます。花の種類が多いのは7月下旬〜8月上旬です。

　八丁坂分岐で、山頂に向かう登山道と散策路に分かれます。ゆるやかに下っていくと、剣ケ池に到着。ベンチなどもあるので休んでいきましょう。池越しの山々の眺めがすばらしく、眺めていると時間を忘れてしまいます。剣ケ池からは10分ほどで千畳敷駅に戻ります。

❶目の前に白い岩峰が取り囲むようにそびえる　❷千畳敷は高山植物の宝庫　❸夏はさまざまな花に彩られます

ソースカツ丼

駒ケ根の名物、ソースカツ丼。ご飯の上に千切りのキャベツを敷き、分厚いカツをトッピング。ジューシーなカツとシャキシャキのキャベツが絶妙な、食べごたえ抜群の丼です。ロープウェイ山麓駅周辺にもカツ丼が味わえる店が点在しています。

：JR線駒ケ根駅からバス45分、しらび平下車。しらび平からロープウェイ8分で千畳敷駅へ

：駒ヶ岳ロープウェイ千畳敷駅（20分）八丁坂分岐（20分）千畳敷駅

WC：千畳敷駅にあり

：標高が高く、夏でも涼しい。長袖シャツなど防寒具を忘れずに

問：駒ケ根市役所 TEL0265-83-2111
伊那バス（駒ケ根）TEL0265-83-4115
中央アルプス観光 TEL0265-83-3107

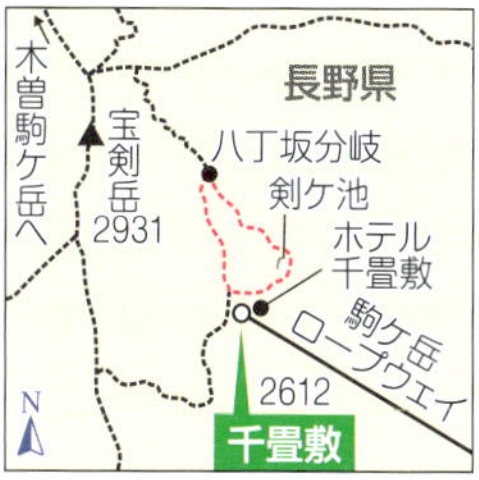

長野県

高山植物を愛でる散策路

東館山高山植物園

ひがしだてやまこうざんしょくぶつえん

2030m　0時間20分

夏は高原リゾートとして、冬は良質の雪が楽しめるスキーリゾートとして人気の高い志賀高原。展望の山歩きや湿原散策、花めぐりなど、さまざまな楽しみがあり、リフトやゴンドラを使って山の中腹、あるいは山頂付近までアクセスできるのも魅力です。

登山専用の装備がなくても気軽に楽しめるのが、標高２０３０メートルに広がる東館山高山植物園です。発哺《ほっぽ》温泉からレトロな卵形のゴンドラリフトに乗って、約7分の空の旅で山頂駅に到着。リフトを降りれば周辺が植物園として整備されています。10万平方メートルの敷地に、およそ５００種類もの高山植物が植えられています。散策路はしつらえられていますが、とくに決まった順路はなく、花を楽しみながら歩くことができます。

花は6月のミズバショウやシラネアオイから始まり、7月はニッコウキスゲやハクサンオミナエシ、8月にはヤナギラン……と次々に咲いていきます。高山植物の女王・コマクサなど、珍しい花も見られます。花の種類が多いのは6月下旬〜8月上旬。7月のニッコウキスゲの群落も見応えがあります。

ゴンドラリフト山頂駅の駅舎には山頂展望台があり、天気に恵まれれば北アルプスの山々や、黒姫山、戸隠山など北信の山々も見渡せます。レストランもあるので、景色を楽しみながら一息ついていくとよいでしょう。

❶ヤナギランの見頃は7月下旬～8月　❷園内には三好達治の詩碑がある　❸花の名札がついている　❹ゴンドラリフトで空の旅

高天ケ原

東館山ゴンドラリフトから徒歩15分ほどで、高天ケ原サマーリフトの山頂駅にアクセスできます。リフト周辺にはニッコウキスゲやヤナギランが群生し、花風景を楽しみながら空中散歩ができます。山麓には、せせらぎコースなどの歩きやすい散策路も整備されています。

：長野電鉄湯田中駅からバス45分、発哺温泉下車
：園内散策20分
WC：ゴンドラリフト山頂駅にあり
：長野駅から志賀高原方面へ直行する急行バスがある。1時間1本程度の運行だが、発哺温泉は通過する便が多く、ひとつ手前の蓮池で乗り換える
問：志賀高原観光協会 TEL0269-34-2404
長電バス湯田中営業所 TEL0269-33-2563
東館山ゴンドラリフト TEL0269-34-2231

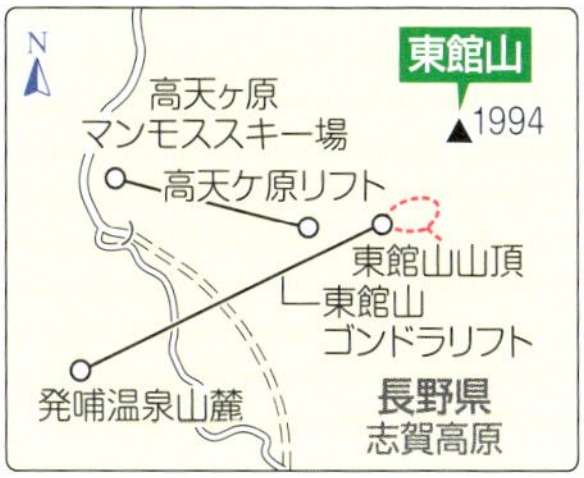

長野県・岐阜県

バスで楽々、雲上のお花畑

乗鞍岳

のりくらだけ

2772m（大黒岳） 0時間50分

日本百名山のひとつでもある乗鞍岳。乗鞍スカイライン、エコーラインという高原道路で、標高２７００メートルの畳平《たたみだいら》までバスでアクセスすることができます。山頂周辺の自然保護を目的としてマイカー規制が敷かれていて、乗鞍高原からはシャトルバスで畳平に向かいます。

乗鞍岳はいくつかのピークからなる山で、最高峰が標高３０２６メートルの剣ケ峰。そこまで登るには登山の装備・服装が必要ですが、畳平周辺の小ピークなら、往復1時間程度で楽しめます。おすすめは大黒岳。青く水をたたえた鶴ケ池を左手に見ながら広い散策路を進みます。富士見岳との分岐に出たら左へ。なだらかな道を進んでいくと石造りの建物があり、その先が大黒岳の山頂です。目の前には槍ケ岳、穂高連峰が眺められます。畳平の宿で1泊すれば、ここまで歩いてきて「山頂御来光」も楽しめます。山々からのぼる朝日は、感動的な美しさ。

山歩きはちょっと、という人なら、畳平のお花畑の散策もおすすめ。バスターミナルの裏側、山々に囲まれたくぼ地は、夏になると色とりどりの可憐《かれん》な高山植物で彩られます。例年、花の見頃は6月から8月にかけて。１８０種類以上の草花が、次々に咲きついでいきます。純白のチングルマ、ハクサンイチゲ、花びらが黄色く輝くミヤマキンポウゲ、高山植物の女王と呼ばれるクロユリも見られます。木道が整備されており、およそ30分で1周できます。

❶大黒岳山頂は絶好のご来光スポット　❷畳平のお花畑は木道が整備されている　❸花の種類が多いのは７月上～下旬

乗鞍畳平バスターミナル

乗鞍高原や、平湯温泉から来るシャトルバスの終点。白いヒュッテ風の建物があり、信州、飛騨の名産品を販売する売店や、食堂などが入っています。1階には畳平のお花畑や乗鞍岳の散策情報を提供する案内所があるので、散策前に立ち寄っていくとよいでしょう。

：新宿からJR中央線特急で約2時間半、松本駅下車。松本駅から松本電鉄経由、アルピコ交通バスで約1時間40分、乗鞍高原観光センター前バス停で乗り換え50分、畳平バスターミナル下車

：畳平（10分）大黒岳分岐（20分）大黒岳（20分）畳平

WC：畳平バスターミナルにあり

：乗鞍高原～畳平へのシャトルバス（7月1日～10月31日）。飛騨側（平湯温泉・ほおのき平）からも運行

問：飛騨乗鞍観光協会
TEL0577-78-2345
アルピコ交通新島々営業所
TEL0263-92-2511

東京都

注目集めるパワースポット

御岳山

みたけさん

929m　2時間20分

東京都青梅市に位置する、古くから信仰の山として知られる御岳山。山頂に武蔵御嶽神社があり、東京でも有数のパワースポットとしても注目を集めています。

御岳山ケーブルカーに乗って6分。御岳山駅からは舗装道路を歩いて御岳山の山頂まで行くことができます。分岐には分かりやすい道標がついていて、迷うことはないでしょう。道の途中に立ち並ぶ宿は武蔵御嶽神社の宿坊で、かつては信仰登山の人々が宿泊をしていました。今は観光客やハイカーも気軽に泊まれます。かなり急な坂を上り詰め、神社の鳥居をくぐって石段をひたすら上ると、きらびやかな武蔵御嶽神社の社殿に到着。登山のお守りなども販売しています。

時間と体力に余裕があれば、御岳山ロックガーデンに足を延ばしてみましょう。いったん来た道を戻り、石段の途中から「岩石園・ロックガーデン」の道標に従って進みます。長尾平から散策路が整備されていて、心地よく歩けます。滝修行にも使われる綾広《あやひろ》の滝も見どころ。落差はそれほどありませんが、岩肌を流れ落ちる清らかな滝は、どことなく神々しさを漂わせています。沢沿いの道は夏でもひんやりとしていて、河原のそばで休憩して足を水に浸してみるのもよさそうです。

ロックガーデンは本格的な山道になるので、スニーカーなど歩きやすく汚れてもよい靴がおすすめです。ぐるりと周回して長尾平に着いたら、来た道を戻ります。

❶御岳山山頂、武蔵御嶽神社の社殿　❷参道には売店が並ぶ　❸歓迎の看板に導かれて

レンゲショウマ群生地

ケーブルカー御岳山駅周辺にはレンゲショウマの群生地があります。例年の見頃は7月下旬～８月下旬。淡い紫色の花を下向きにつけます。群生地は散策路が設けられ、花を間近で眺めることができます。見頃に合わせてレンゲショウマまつりも開催されています。

：新宿からJR中央線特別快速・青梅行きで1時間35分、御嶽駅下車。御嶽駅から西東京バスで10分、ケーブル下下車。御岳山ケーブルカー乗り場へは徒歩５分

：御岳山駅（30分）御岳山（20分）天狗岩（30分）綾広の滝（1時間）御岳山駅

WC：ケーブルカーの各駅、御嶽神社、長尾平などにあり

：武蔵御嶽神社の宿坊に泊まって、信仰登山の歴史に触れてみるのもおすすめ。滝修行体験のできる宿もある

問：青梅市役所
TEL 0428-22-1111
御岳登山鉄道
TEL 0428-78-8121
西東京バス（氷川車庫）
TEL 0428-83-2126

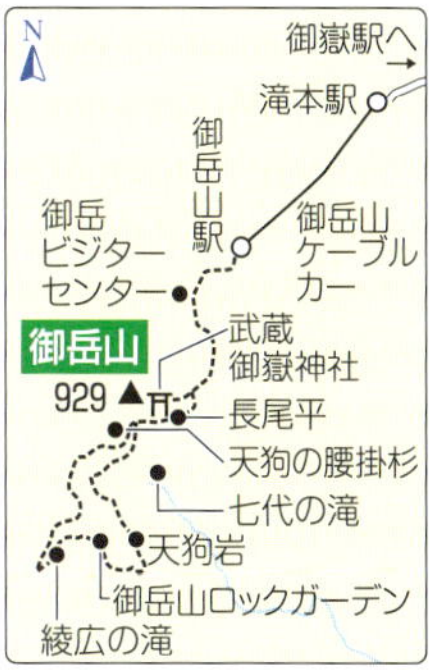

水面に映える白馬三山

八方池

はっぽういけ

2060m 2時間00分

暑い夏は避暑を兼ねて、乗り物でアクセスできる高い山に行ってみませんか。八方池は北アルプス・八方尾根、標高２０６０メートルにある山上の池です。

散策のスタート地点は八方池山荘から。八方駅からゴンドラと2本のリフトでアクセスできます。山々の眺めを楽しみながらの空中散歩が快適です。

八方池山荘から八方池までは、整備された散策路が続き、ところどころに木道もつけられています。道の両側は草原になっていて、夏にはさまざまな高山植物が見られます。青々とした草原のなかに、白やピンク、黄色の花々が点々と咲いていて、心がなごみます。

道中にはケルン（積み石）が立てられていて、いい目印になります。第2ケルンまで来ると、目の前に岩の山々が見えるようになってきます。標高２６９６メートルの唐松岳と、そこから続く稜線《りょうせん》に圧倒されます。少し傾斜も出てきて息が上がりますが、八方ケルンを過ぎれば八方池まではあとひとがんばり。第3ケルンまでたどり着くと、山々を背景に青々と水をたたえた八方池が眺められ、登ってきた苦労もいっぺんに吹き飛びます。池のほとりまで行ってみましょう。天気がよければ、水面に白馬三山の山々が映り込むのも見られるでしょう。

八方池から先は経験者向けの厳しい登山道になります。景色を楽しみながら来た道を戻り、八方池山荘に向かいます。

❶白馬三山を映し込む八方池も美しい　❷散策路にはケルンが立てられて目印になっている　❸高山植物

八方池山荘

グラートクワッドリフトの終点に建つ山小屋。八方池散策、唐松岳登山のスタート地点です。食堂兼喫茶スペースでは、カレーやそばなどの軽食、ソフトクリームなどが味わえます。散策後のひと休みにどうぞ。宿泊は1泊2食1万円。

TEL 0261-72-2855

：新宿駅からJR中央線、大糸線で白馬駅へ。白馬駅からバスで5分、八方バスターミナル下車。徒歩10分で八方駅（ゴンドラ乗り場）

：八方池山荘（1時間）八方池（1時間）八方池山荘

WC：八方池山荘脇、第2ケルン付近にあり

：夏・秋は都内から白馬・八方方面へ直行する夜行バスあり

問：白馬村観光局 TEL 0261-72-7100
アルピコ交通（白馬）TEL 0261-72-3155
白馬観光開発 TEL 0261-72-3280

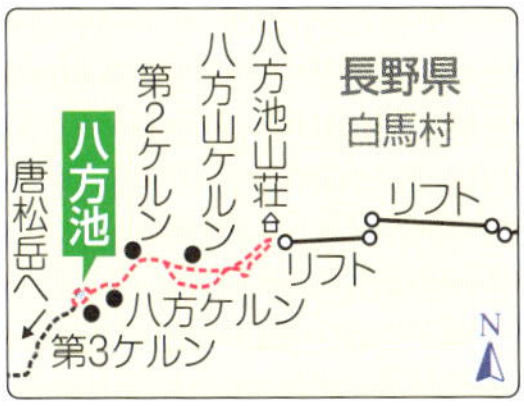

富山県

立山を間近に景色満喫

室堂

むろどう

2450m　0時間50分

日本三霊山のひとつに数えられる立山は、北アルプスを代表する山のひとつです。山頂に立つには登山専用の装備と体力が必要ですが、立山を間近に望む室堂は、散策路が整備されて観光客も多いです。北陸新幹線が富山まで開通し、アクセスの時間も以前より短くなりました。

ロープウエーやケーブルカー、トロリーバスなどで山を越えていく立山黒部アルペンルート。乗っているだけでワクワクしてきます。室堂バスターミナルに降り立つと、目の前に山々がぐるりと連なっています。右手にどっしりとそびえているのが立山、左手にたおやかに連なっているのは大日三山です。ミクリガ池の周りを反時計回りに散策路を歩きましょう。

散策のはじまりとなる室堂平には湧水が出ています。はじめに汲《く》んでいくといいでしょう。散策路は石畳が敷かれて、歩きやすいです。多少アップダウンはありますが、おおむね平坦《へいたん》です。ただ、雨や濃い霧で石畳が濡れていると、非常に滑りやすくなるので、とくに緩やかな傾斜のあるところは注意が必要です。

澄んだ湖面に立山が映し出されるミドリガ池、湿原に赤い水たまりが点在する血の池を過ぎて、雷鳥沢との分岐を左に進めばほどなく、みくりが池温泉へ。日本一高所の天然温泉で、日帰り入浴もできます。喫茶スペースもあるので、山々の景色を楽しみつつ一息ついていきましょう。みくりが池温泉から室堂までは10分ほどの道のりです。

石畳の歩きやすい散策路。目の前に見えているのは立山・雄山（おやま）

みくりが池温泉

日本一高所に湧く温泉を堪能できる宿で、日帰り入浴にも対応しています。自慢の湯は濁り湯で、なめらかな肌触りが特徴です。浴室の窓からは大日三山も眺められます。室堂バスターミナルから徒歩12分。

富山県立山町室堂平

TEL076-463-1441

：富山駅から富山地方鉄道で1時間、立山駅下車。立山黒部アルペンルート（高原バス）で1時間10分、室堂下車

：室堂バスターミナル（20分）玉殿岩屋（20分）ミクリガ池（10分）室堂バスターミナル

WC：室堂バスターミナル、みくりが池温泉にあり

：夏・秋は都内から室堂へ直行する夜行バスあり

問：立山町役場 TEL076-463-1121
立山黒部貫光（アルペンルート）TEL076-432-2819

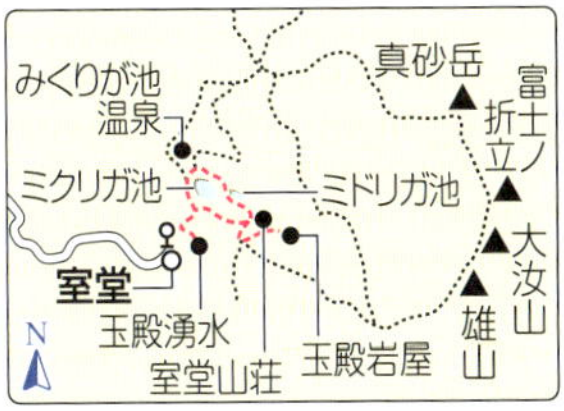

長野県

白樺の小径から牛留池へ

乗鞍高原

のりくらこうげん

1590m（牛留池）　1時間35分

乗鞍岳の中腹、標高１５００メートルに広がる乗鞍高原。乗鞍岳を間近に望み、高原の自然が満喫できます。散策コースがいくつも整備されているなかで、白樺《しらかば》の小径から口笛の小径をつないで、絶景ポイントの牛留《うしどめ》池を目指します。

乗鞍高原観光センター前バス停をスタートし、善五郎の滝との分岐を左に進み、白樺の小径に入ります。明るい林の中に道が続いています。真っ白い幹の白樺もよく目立ちます。どんどん進んでいくと程なく一の瀬園地の一角に。60万平方メートルの草原で、ミズバショウやレンゲツツジの群生地があります。ネイチャープラザ一の瀬で、名物のソフトクリームを食べていくのもおすすめです。

一の瀬園地からは、牛留池方面に進みます。白樺やミズナラ、ヤマザクラなどが茂る明るい林のなか、道が緩やかに登っています。ゆっくり歩いていきましょう。登り切ると間もなく、牛留池に到着します。青々とした水をたたえた小さな池です。ほとりにはあずまやがあり、ここからは目の前に乗鞍岳、そして乗鞍岳が水面に映り込む「逆さ乗鞍」が眺められます。このあたりは珍しい昆虫や野鳥も多いので、ゆっくり休んでいきましょう。

牛留池からは樹林帯を5分ほど歩いて休暇村乗鞍高原へ。帰りはここから松本方面へのバスが出ています。休暇村乗鞍高原では日帰り入浴もできるので、良質の温泉で汗を流していくといいでしょう。

❶牛留池。遠くに乗鞍岳が見えている　❷沢沿いの道は夏でも涼しげ　❸ユニークな形の木を発見。「ねじねじの木」と呼ばれている

ネイチャープラザーの瀬

一の瀬園地に建つウッディな建物で、食堂、売店があります。食堂では名物のそばが味わえるほか、しぼりたての牛乳で作るソフトクリームが人気です。レストランでは信州名物の手打ちそばも。

長野県松本市安曇乗鞍高原3992-1

TEL 0263-93-2926

- 🚌：松本駅から新島々駅経由、アルピコ交通バスで1時間40分、乗鞍高原観光センター前バス停下車
- 🚩：観光センター前バス停（40分）ネイチャープラザーの瀬（50分）牛留池（5分）休暇村乗鞍高原
- WC：ネイチャープラザーの瀬にあり
- ♨：白い濁り湯の乗鞍高原温泉。日帰り温泉や日帰り入浴可能な温泉宿もある
- 問：アルピコ交通新島々営業所 TEL 0263-92-2511
　のりくら高原観光案内所 TEL 0263-93-2147

栃木県

神話の残る広大な湿原

戦場ケ原

せんじょうがはら

1400m　1時間40分

奥日光、標高１４００メートルに広がる、約４００ヘクタールの湿原、戦場ケ原。勇ましい名前は、この地で神々が戦ったという神話が由来となっています。貴重な湿原植物の宝庫で、夏にはさまざまな湿原の花々が眺められますし、秋は草原の紅葉も楽しめます。

湿原を間近で楽しめるよう、竜頭の滝から日光湯元まで自然研究路が整備されています。くまなく歩くと２〜３時間程度かかりますが、赤沼から歩き始めて小田代橋からショートカットすれば、１時間半ほど。のんびり気ままに初秋の湿原を楽しめます。散策路は平坦で、湿原の中は木道が設けられています。湿原の植物は長い時間かけて育ってきたもの。木道からはずれて踏みつけることのないようにします。赤沼から歩き始め、沢沿いの道を歩いていくうちに、湿原が見渡せるようになります。ところどころにデッキやベンチがしつらえてありますから、眺めのよいところでひと休みしていくのもいいでしょう。

湿原の花々は6月半ばから8月にかけてが見頃。秋風に揺れる秋の花も可憐です。9月も半ばになると、草原は緑色から金茶色に。空気が澄んだ分、周りの山々の眺めもよくなります。

散策後は温泉も楽しみ。近くには山の秘湯の雰囲気を漂わせる日光湯元温泉があります。また、竜頭の滝バス停近くには、日帰り温泉もあります。

❶湿原の向こうには日光の山々がそびえる
❷かわいらしい鹿の姿も
❸初夏から夏は湿原を彩る花も多い

赤沼茶屋

赤沼バス停の前に建つログハウス風の茶店。食事どころと売店があり、そばやうどん、みそおでんなどが味わえます。店内には戦場ケ原で見られる風景や花の写真が展示されているので、散策前に立ち寄って。

栃木県日光市中宮祠2494
TEL 0288-55-0150

: 浅草駅から東武線快速で2時間10分、東武日光駅下車。東武日光駅から東武バス湯元方面行きで1時間、赤沼下車

: 赤沼バス停（40分）青木橋（20分）泉門池（40分）光徳入口バス停

WC: 赤沼バス停にあり

: 時間と体力に余裕があれば、小田代橋からさらに湯川沿いに日光湯元まで続く散策路を歩くのもよい。小田代橋から湯元温泉まで1時間20分

問: 日光観光協会
TEL 0288-22-1525
東武バス（日光）
TEL 0288-54-1138

山梨県・静岡県

5合目からプチハイク

富士山《ふじさん》

2390m（6合目）　1時間30分

一度は登ってみたいと思う、日本一の山、富士山。山頂まで登るには専門の装備や服装が必要ですし、気候が厳しく、登ることができる時期も限られています。5合目を起点に少しだけ登山道を歩いて、富士登山気分を味わってみませんか。

富士山には4つの登山ルートがありますが、富士スバルライン5合目から、6合目まで歩いてみましょう。5合目からしばらくは、広くて歩きやすい、ゆるやかな下り道が続きます。荒涼とした溶岩れきの斜面にこんもりとした草が点々と茂っている、富士山ならではの景色です。

歩いていくうちに石畳の道になり、道標の立つ泉ケ滝の分岐で、6合目方面へ進みます。ダケカンバやカラマツが茂る樹林帯の中を、登っていきます。たいした登りでもないのに息が切れるのは、標高が高いため。このあたりで2300メートルを超えています。高山病には注意が必要です。いつものゆる山歩きよりゆっくりペース、周りの景色を見ながら歩きましょう。行動中は十分な水分補給を心がけます。

今回のゴールは6合目。樹林帯から溶岩れきの斜面になり、見晴らしがよくなってくると程なく、富士山安全指導センターの建物があります。見上げると、山の斜面に点々と建つ山小屋、登山道に沿って歩いている人が延々と眺められます。

帰りは来た道を戻って富士スバルライン5合目へ。売店が並んでいるので、バスを待つ間に立ち寄っていきましょう。

❶五合目から見上げる雄大な富士山　❷富士スバルライン五合目はいつも人で賑わっている
❸レトロな道標を発見

富士スバルライン五合目

ツアーバスなども多く発着する、富士登山の玄関口。ロータリーを囲むように売店・土産物店が並んでいます。簡易郵便局もあり、ハガキなどを出すこともできます。富士山の形をしたメロンパンや、溶岩をかたどったお菓子など富士山みやげも豊富。おみやげ選びも楽しみのひとつです。

：富士急行富士山駅からバス1時間5分、富士山5合目下車

：富士スバルライン5合目（20分）泉ケ滝（30分）6合目（20分）泉ケ滝（20分）富士スバルライン5合目

WC：5合目、6合目にあり

：ハイシーズンは各登山口でマイカー規制あり。山麓から五合目までシャトルバス利用となる

問：富士吉田市役所
TEL0555-22-1111
富士急バス
TEL0555-72-6877

自分にごほうび、地元の人との交流も

ゆる山コラム 02

下山後の楽しみ

楽しく歩いて心地よく疲れたら、おいしいものや温泉で、頑張った自分にごほうびを。山麓のお店や施設で地元の方々と交流すれば、山だけでなく地域がまるごと「いい思い出」になります。

グルメ

せっかく遠方の山を歩いたのなら、その土地の美味《おい》しいものを味わって帰りたいもの。たとえば山梨ならほうとう、高尾山ならとろろそば、群馬ならソースカツ丼など、地元の食文化にふれられるチャンスです。最近は、リーズナブルに味わえるご当地グルメもずいぶん増えました。どんな郷土料理があるのか、どこで味わえるのかをチェックしておくとよいでしょう。

もちろん郷土料理にこだわらなくてもよいのです。深く考えずにふらりと入った最寄り駅の定食屋が、思わぬ名店だった！なんてことも。予想外の出会いも山旅の楽しみのひとつです。

ショッピング

工芸品など、その土地ならではの品をおみやげにするのはいかがでしょう。手作りの木工品や生活雑貨などは、山歩きの記憶とともに、生活に彩りを与えてくれます。

こんにゃくや味噌《みそ》、漬物などの農産物加工品もおすすめです。また、下山途中に農産物直売所や無人の販売所があったら立ち寄っていきましょう。新鮮な農産物が安く求められる場合もありますよ。珍しい野菜や果物があったら、食べ方などをお店の人に聞いてみるのもいいでしょう。地元の売り子さんとの会話も楽しめます。

温泉

下山地に温泉があるなら、ぜひ入っていきましょう。汗もすっきり流せますし、疲労回復にもつながります。日帰り入浴施設のほか、旅館など宿泊施設のお風呂が日帰り利用できることもあります。旅館の場合は、宿泊者を優先するため「日帰り入浴可能な時間」が決まっていることが多いので、事前に調べておくとよいでしょう。

旅館などでもらえる薄手のタオルと替えの下着、使い切りの化粧水などを「入浴セット」として常備しておくとスマートです。

帰りのバスや電車の時刻は、お風呂に入る前に確認しておきましょう。山岳地域の場合、バスの本数が非常に少ない場合があります。

秋

カエデやナナカマドの鮮やかな赤、
ブナやダケカンバの目の覚めるような黄色。
色とりどりの紅葉は、四季があり、
樹相が豊かな日本の森ならではの風景なのだそうです。
山道を絨毯のように埋め尽くす落ち葉にも心ひかれて。
秋の山はさまざまな色にあふれています。

遥かに広がる秋色の湿原

尾瀬ケ原

おぜがはら

1400m　3時間40分

名曲「夏の思い出」で「遥《はる》かな尾瀬、遠い空」と歌われる尾瀬。水のほとりに咲く純白のミズバショウ、しゃくなげ色の黄昏《たそがれ》、そんな夢のような風景を一度は見てみたい、憧れの場所です。

　尾瀬は1年の半分が雪に閉ざされています。雪解けとともに姿を現す真っ白いミズバショウは、まさに湿原の妖精の趣。初夏になると黄色いニッコウキスゲが草原を埋め尽くします。尾瀬は植物の種類も非常に多く、小さな花々が短い夏を惜しむように次々に咲いていきます。そして秋。9月も半ばを過ぎると青々とした草原は、明るいレモンイエローから金茶色へと、少しずつ色づいていきます。

　本州で最も広い面積を持つ湿原である尾瀬は、尾瀬ケ原と尾瀬沼のふたつのエリアに分かれています。今回は尾瀬ケ原を歩いてみましょう。起点は鳩待峠。尾瀬ケ原の入り口となる山の鼻へは、樹林の中の登山道を歩いて1時間ほど。ここを過ぎると、一気に視界が開けて湿原が姿を現します。湿原の中には木道が整備されています。少し歩くと、前方に見える大きな山は燧《ひうち》ケ岳、振り返るとそびえるなだらかな山が至仏山。湿原のあちこちに小さな池（池塘）があり、ヒツジグサの葉が浮かんでいます。木道にテラスやベンチが設けられていますから、一息ついて景色を楽しんでいきましょう。

　帰りは来た道を戻ります。鳩待峠の売店で、名物の花豆ジェラートを味わうのもいいでしょう。

金茶色に染まった湿原の向こうに見えているのは至仏山

尾瀬山の鼻ビジターセンター

尾瀬ケ原の入口、山の鼻にあり、尾瀬の自然についての情報提供を行っています。見られる動植物や気候風土を、模型などを使って分かりやすく展示するほか、花や紅葉の見頃など、リアルタイムの情報が得られます。

群馬県利根郡片品村尾瀬山ノ鼻 TEL 027-220-4431

：東京駅から上越新幹線で1時間20分、上毛高原駅下車。上毛高原駅から関越交通バスで1時間55分、戸倉で乗り換えて30分、鳩待峠下車

：鳩待峠（1時間）山の鼻（40分）牛首分岐（40分）山の鼻（1時間20分）鳩待峠

WC：鳩待峠、山の鼻

：都内から尾瀬に直行する季節運行の高速バスや、現地で自由行動となるバスツアーなどを利用するのも一案。マイカー規制があり、車の場合も戸倉からシャトルバス利用となる

問：片品村役場 TEL 0278-58-2111
関越交通バス（沼田）TEL 0278-23-1111

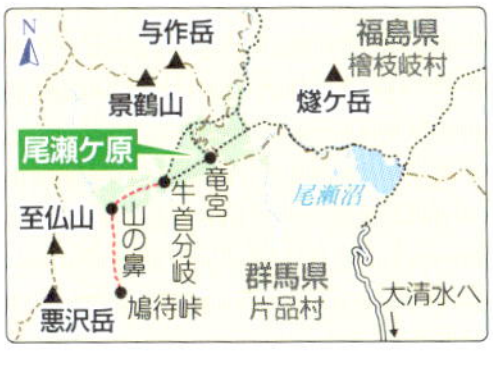

真っ赤な「巾着田」を展望

日和田山

ひわださん

305m　1時間50分

初秋を彩る花の一つが彼岸花《ひがんばな》（曼《まん》珠沙華《じゅしゃげ》）。埼玉県日高市には「巾《きん》着田《ちゃくだ》」という彼岸花の名所があります。川に囲まれた地形が、巾着のように見えることが名前の由来。秋には一面に花が咲き、まるで真っ赤な絨毯《じゅうたん》を敷いたようになります。巾着田のすぐそばにそびえる日和田山は、地元の人々にも人気の低山。巾着田の観光と合わせて、歩いてみませんか。

真っ赤な将軍標が立つ高麗《こま》駅からスタート。鉄道のガードをくぐり、国道を渡り、点在する道標を見落とさないようにしながら、登山口を目指します。あずまややトイレのある登山口から、山道が始まります。広葉樹のなか、整備された散策路が続きます。道は途中で男坂と女坂に分かれますが、歩きやすい女坂を進みましょう。男坂は岩場が続く経験者向けの道です。

女坂が男坂と合流するところに金《こ》刀《と》比羅《ひら》神社があります。建物の前が開けて、すばらしい眺めが広がっていますから、ゆっくり休んでいきましょう。巾着田も分かりやすく眺められます。天気に恵まれれば、関東平野の向こうに奥多摩の山々や富士山まで見えるようです。

神社から山頂までは少し岩っぽい道をたどり、10分ほど。石塔が立つこぢんまりとした山頂は、樹林の間から、関東平野が眺められます。帰りは来た道をたどって高麗駅へ。山の上から眺めた巾着田に立ち寄っていきましょう。

❶金刀比羅神社の前からの眺め。前方に巾着田が見える　❷高麗駅には将軍標が立つ　❸曼珠沙華の見頃は９月

高麗豆腐

秩父産の大豆など、材料にこだわった豆腐の専門店。名物の味噌漬け豆腐は、チーズのようなコクとまろやかな風味が特徴です。ゆばの種類も豊富です。店頭で味わうできたての豆乳も美味。高麗駅から徒歩５分。

埼玉県日高市台122-1

TEL 042-982-3450

：池袋駅から西武池袋線で１時間５分、高麗駅下車

：高麗駅（20分）登山口（40分）日和田山（30分）登山口（20分）高麗駅

WC：高麗駅、登山口にあり

：彼岸花の開花時期に合わせて、例年「曼珠沙華まつり」を開催。地元グルメの屋台や特産品の販売など

問：日高市役所 TEL 042-989-2111
巾着田管理事務所 TEL 042-982-0268

山梨県

滝や奇岩望む紅葉の名所

西沢渓谷

にしざわけいこく

1100m　3時間40分

美しい広葉樹の林のなか、白い花《か》崗岩《こうがん》の渓谷を青白い水が流れ落ちる、西沢渓谷は山梨でも有数の景勝地。紅葉の名所としても知られています。紅葉の見頃は例年、10月中旬から11月上旬にかけてで、この時期は多くのハイカーでにぎわいます。渓谷に沿って散策路が整備されていて、快適に歩くことができます。少し山道らしいところ、濡れた岩の上を歩くところもありますから、靴は履き慣れたスニーカーやウオーキングシューズを用意しましょう。

西沢渓谷入口バス停から広い林道を進み、吊《つ》り橋を渡ると山道が始まります。山深い中をどんどん進むとほどなく渓谷沿いの道になり、滝や奇岩が次々に現れます。展望台から間近に眺められる三重の滝、楚々《そそ》と流れる恋糸の滝。河原に下りられるところもあり、エメラルドグリーンの川の流れを眺めながらのんびりひと休みするのもよいでしょう。そして最大の見どころは最奥にある七ツ釜五段の滝。初めは滝を下から眺め、急な山道を登って上流に近づいていきます。登るにつれて姿を変えていく滝が圧巻です。

登り切ってしばらく進むと渓谷道は終了。ここからは尾根道を下っていきます。トロッコが通っていた頃のレールがところどころ残っています。初夏にはシャクナゲの花を楽しむこともできます。

全部歩くと4時間弱、かなり歩きごたえがあります。歩き慣れていない人は、三重の滝から来た道を戻るとよいでしょう。

❶エメラルドグリーンの水が美しい清流　❷三段に流れ落ちる三重の滝　❸階段の上から滝を眺める

ドライブイン不動小屋

西沢渓谷バス停の前に建つ売店、軽食どころ。名物のよもぎもちは、自生する生のよもぎを使っていて風味が豊か。甘さひかえめのあんことの相性も抜群です。歩き始める前に買って、おやつとして味わうのがおすすめ。
山梨県山梨市三富川浦1822
TEL 0553-39-2256

：新宿駅からJR中央線で約2時間、塩山駅下車。塩山駅から甲州市営バスで1時間、西沢渓谷入口下車

：西沢渓谷入口（25分）インフォメーションセンター（25分）三重の滝（1時間）七ツ釜五段の滝（50分）大展望台（1時間）西沢渓谷入口

WC：西沢渓谷入口、インフォメーションセンター脇にあり

！：散策路は、基本的に渓谷道を進んで尾根道を戻る、一方通行となっている。三重の滝までは戻る人も多く、すれ違いに注意を

問：甲州市役所
TEL 0553-32-2111
山梨市役所
TEL 0553-22-1111

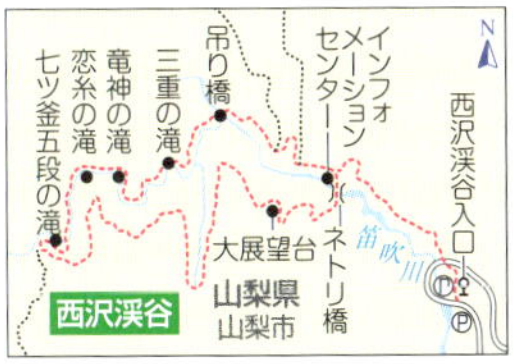

栃木県・福島県

ロープウエーで紅葉の旅

那須岳

なすだけ

1915m　1時間30分

栃木県と福島県の境に位置する那須岳は、標高１９１５メートルの茶臼岳を主峰とするいくつかの山の集合体です。山の中腹には大丸《おおまる》温泉、那須湯本温泉など、良質の温泉があちこちで湧いていて、下山後の温泉めぐりも楽しみのひとつです。

那須岳は紅葉の名所としても知られています。紅《あか》く染まったツツジやナナカマドと緑色の笹が、鮮やかなコントラストを見せます。例年紅葉のピークは10月上旬。この時期は非常に多くの観光客でにぎわいます。

茶臼岳にはロープウエーがあり、のんびり快適な空の旅で、標高１６８０メートルまで一気に登ることができます。山頂駅には展望台があり、広々とした関東平野が一望のもとに。天気に恵まれれば筑波山も眺めることができます。この地点で山の9合目。山頂へはのんびり歩いても1時間弱の道のりです。

はじめは広々とした砂地の斜面、ところどころで噴煙が上がっているのも眺められます。大きな石の間をぬうように歩くところが出てきますが、分かりにくいところには白や黄色のペンキで印がつけてあります。ゆっくりと登っていくとやがて木の鳥居が現れ、くぐってしばらく進むと、石の祠《ほこら》がある茶臼岳の山頂に到着です。関東平野、朝日岳など那須岳の他の山々や福島県の山々が眺められます。山頂はお鉢になっていて、散策路が整備されています。一周ぐるりと歩いてから、来た道を戻りましょう。

❶

❷

❸

❶山頂の噴火口をぐるりと一周できる　❷山頂駅ですでに標高1700m近く　❸山頂には小さな石の祠がある

那須温泉郷

那須岳の周辺にはいくつもの温泉が湧き、風情あふれる温泉宿が点在しています。電車・バス利用でアクセスしやすいのはバスターミナルのある那須湯本温泉。なめらかな肌触りの白い濁り湯です。歴史ある日帰り温泉施設「鹿の湯」のほか、日帰り入浴ができる温泉宿もあります。

：上野駅からJR東北線で約2時間30分、黒磯駅下車。黒磯駅から東野バスで約1時間、那須ロープウェイ下車

：ロープウェイ山頂駅（50分）那須岳（40分）ロープウェイ山頂駅

WC：ロープウェイ山麓駅、山頂駅にあり

：茶臼岳は今でも山のあちこちで噴煙が上がる活動中の火山。お出かけの際は最新の火山活動情報を確認して

問：那須町役場
TEL 0287-72-6901
関東自動車（那須塩原）
TEL 0287-74-2911
那須ロープウェイ
TEL 0287-76-2449

クライマーを魅了する絶壁

一ノ倉沢

いちのくらさわ

875m　2時間00分

ロープウエーで山の中腹まで行くことができるアクセスのよさ、高山植物の多さや眺めのよさから、多くの登山者に親しまれている谷川岳。その一方で、多くのクライマーの命をのみ込んだ「魔の山」としても知られています。一ノ倉沢は、谷川岳の岩壁を間近に見られる絶景スポット。駐車場のある一ノ倉沢出合までは、山道を歩くことなくアプローチができます。

谷川岳ロープウェイの山麓駅からスタート。谷川岳登山指導センターの前を通って、ゆるやかに舗装道路を登っていきます。道路の周りは明るい広葉樹林。初夏には青々とした葉が木漏れ日を受けて輝き、秋は黄色や赤の紅葉に彩られます。道路の下を湯檜曽《ゆびそ》川がどうどうと音をたてて流れています。道沿いにはところどころにベンチがあるので、歩き疲れたら休んでいくとよいでしょう。

30分ほど進むとマチガ沢との分岐に出て、ここから一ノ倉沢まではさらに30分ほど。左手に避難小屋の古い建物が見えれば一ノ倉沢出合はもうすぐです。

目の前に、まるで屏風《びょうぶ》のようにそびえる岩壁に圧倒されます。例年、沢沿いには夏の初めまで雪が残っています。目をこらしてみれば、岩を登っていくクライマーの姿が眺められるかもしれません。広場には見えている岩壁を解説する看板が立てられています。

心ゆくまで景色を楽しんだら、来た道をたどって谷川岳ロープウェイバス停まで戻ります。

一ノ倉沢出合から見上げる岩壁

谷川岳
標高1977m、1年を通じて多くの登山者が訪れる山です。ロープウエーがあり、約10分の空中散歩で、標高1300メートルの天神平までアクセスできます。天神平駅からさらにリフトを乗り継げば、谷川岳が見渡せる天神峠へ。絶景を楽しめます。
TEL0278-72-3575

：JR上越線水上駅から関越交通バスで約30分、谷川岳ロープウェイ下車

：谷川岳ロープウェイバス停（1時間）一ノ倉沢（1時間）谷川岳ロープウェイバス停

WC：谷川岳ロープウェイ山麓駅、一ノ倉沢出合にあり

：水上温泉旅館協同組合では、一ノ倉沢エコハイキングを実施。ガイドの解説を受けながら歩くことができる

問：みなかみ町役場 TEL0278-62-2111
関越交通バス（沼田） TEL0278-23-1111

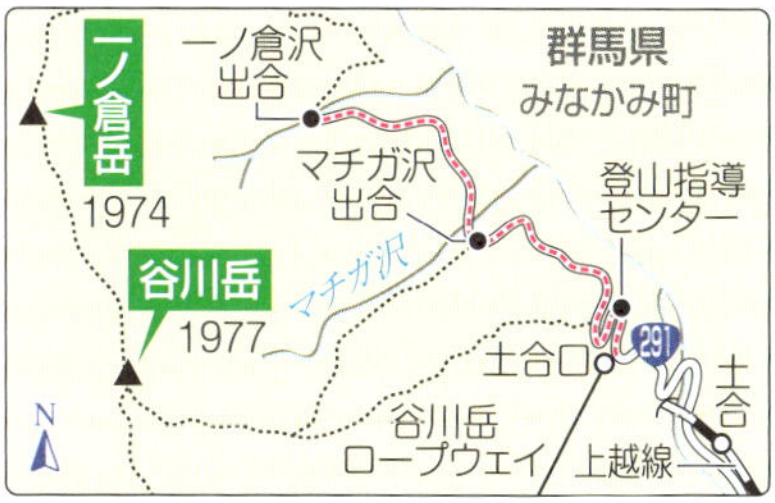

パノラマ展望の山旅

北横岳

きたよこだけ

2480m　0時間40分

10月も半ばを過ぎると、3千メートル級の山々は紅葉のピークを過ぎ、雪の便りも届き始めます。よく晴れた日を選んで、アルプス展望の山旅に出かけてみませんか。北横岳は、日本アルプスの山々の眺めが楽しめる、絶景の名山です。

北八ヶ岳ロープウェイで、標高2237メートルまでアクセスすることができます。約7分間の空の旅、眼下にはカラマツの樹林が広がり、秋には黄金色に染まります。山頂駅に着いたら坪庭《つぼにわ》自然探勝路を歩きます。整備された遊歩道は、時計周りの一方通行で周回ルートになっていて、途中3カ所に休憩所があります。第2休憩所の先で北横岳との分岐がありますが、北横岳へは登山専用の装備や服装が必要。探勝路を進みます。

溶岩台地にシャクナゲやハイマツが生えていて、日本庭園のような景観が広がっています。周りの山々を見ると、針葉樹の緑と、立ち枯れた白い木々がまるで縞《しま》模様のよう。これが「縞枯《しまがれ》現象」です。休憩所に着いたら、歩いて来た方向を眺めてみましょう。日本アルプスの山々が屏風のように連なっています。左手、間近に見える山々は八ケ岳。すばらしいパノラマ風景が広がります。

第3休憩所を過ぎ、木の階段を下ると丁字路に。右に進めば山頂駅に戻れます。時間が許せば左に進み、徒歩5分ほどのところにある三角屋根の山小屋、縞枯山荘へ立ち寄ってもよいでしょう。

❶溶岩とハイマツが日本庭園のような趣の坪庭自然探勝路　❷北八ヶ岳ロープウェイで一気に2000m級の高みへ　❸草原に建つ縞枯山荘

ロープウェイ山麓駅

ヨーロッパの山小屋風のウッディな建物が目を引きます。2階にはレストランと売店があり、レストランでは長野の特産品を使ったメニューや郷土料理が味わえます。売店では土産物のほか、登山用品なども販売しています。

TEL 0266-67-2009

：新宿駅からJR中央線特急で2時間10分、茅野駅下車。茅野駅からアルピコ交通バスで1時間、北八ヶ岳ロープウェイ下車。山頂駅まで約7分

：山頂駅（10分）第1休憩所（20分）縞枯山分岐（10分）山頂駅

WC：山頂駅、山麓駅に

：晴れた日は、歩いていて少し汗ばむ感じでも、立ち止まったり風に吹かれると寒さを感じる。薄手の手袋や帽子などを忘れずに。薄手のダウンジャケットやフリースがあると重宝する

問：茅野市観光案内所
TEL 0266-72-2637
アルピコ交通（茅野）
TEL 0266-72-2151
北八ヶ岳ロープウェイ
TEL 0266-67-2009

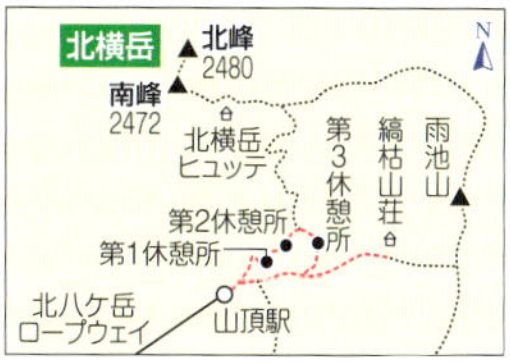

山梨県

花崗岩と紅葉の渓谷美

昇仙峡

しょうせんきょう

680m（仙娥滝）　2時間00分

花《か》崗《こう》岩の白い岩と木々、青白く透き通った清流が織りなす、すばらしい渓谷美が楽しめる昇仙峡。全国屈指の紅葉・新緑の名所として知られています。渓谷に沿って整備された遊歩道を歩いてみましょう。道中にはあずまややベンチがあちこちにあり、のんびりと散策ができます。例年の紅葉の見頃は10月下旬～11月下旬です。

昇仙峡口バス停から歩き始めるとほどなく、オットセイ岩、ふぐ石などの奇岩が次々と現れます。ところどころで河原に下りられるので、水際から景色を眺めてみるのもいいでしょう。ときどき、観光馬車とすれ違いますが、徒歩より少し早いくらいの速度で、カラフルなほろの付いた馬車を引いた馬が歩いていきます。なんとものどかな雰囲気です。

能泉のトテ馬車発着所まで来ると、真っ白い岩峰が見えてきます。昇仙峡の主峰・覚円峰で、かつてこの岩の頂上でお坊さんが修行をしたという伝説があります。天を刺すようにそそり立つ白い岩を、赤や黄色に染まった木々が彩っています。このルートのハイライト、ゆっくり眺めていきましょう。

ここから道は少し細くなり、清流が間近になってきます。通過がスリリングな石門をくぐり、高さ30メートルの仙《せん》娥《が》滝を河原から眺め、ゴールの昇仙峡ロープウェイのバス停を目指します。時間が許せば、ロープウエーに乗って山頂駅まで行ってみましょう。南アルプスや富士山の眺めがすてきです。

白い岩峰が天を突き刺すように立つ覚円峰

昇仙峡ロープウェイ

山麓の仙娥滝駅から標高1058mのパノラマ台駅まで、約5分の空中散歩。レトロな雰囲気のロープウエーです。パノラマ台駅には富士山の眺めがすばらしい浮富士広場があり、パワースポットとして人気。展望台から望む南アルプスも絶景です。

TEL055-287-2111

：JR甲府駅から山梨交通バスで30分、昇仙峡口下車
：昇仙峡口バス停（30分）馬の水飲み場（35分）覚円峰（35分）仙娥滝（20分）昇仙峡ロープウェイ
WC：昇仙峡口バス停、馬の水飲み場など数カ所
：天神森～能泉の区間は観光馬車の運行あり。馬車の上からのんびり観光もおすすめ
問：昇仙峡観光協会
TEL055-287-2158
山梨交通バス
TEL055-223-0821

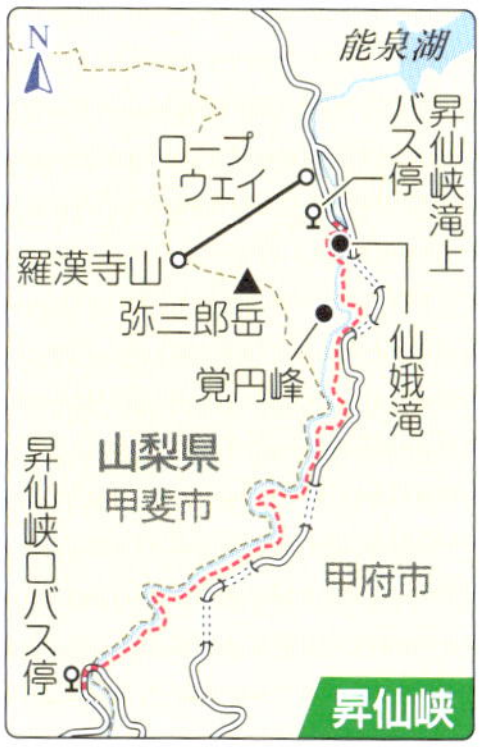

茨城県

信仰の名山、楽々ピークへ

筑波山

つくばさん

877m　0時間55分

茨城県つくば市にそびえる筑波山。古くは万葉集にも詠まれ、また、常陸国風土記には筑波山を神々が訪れた話も残っており、古くから人々に親しまれてきた信仰の山です。標高1000メートルにも満たない山であるにもかかわらず、日本百名山のひとつに選ばれています。女体山《にょたいさん》、男体山《なんたいさん》のふたつのピークを持っており、その姿は山麓からだけでなく、関東平野のあちこちから眺めることができます。

登山道はよく整備されていますが、ロープウエー、ケーブルカーを使えば楽々と山頂に立ち、景色を楽しむことができます。まずはつつじケ丘から筑波山ロープウェイを利用して女体山へ。女体山駅から女体山の山頂までは歩いて5分ほど。岩が積み上がったような山頂はいつも人でにぎわっています。ここからは登山道を歩いて男体山へ。平坦な道の途中には茶店もあります。土産物店が立ち並び、にぎわいを見せる御幸ケ原から男体山の山頂へは、やや急な上り道。ゆっくり登っていくと、社殿の立つ男体山山頂へ到着します。山頂からの景色を楽しんだら御幸ケ原まで戻り、筑波山ケーブルカーで筑波山神社へ下山しましょう。ケーブルカー山頂駅には売店や展望レストランがあります。

少し歩き足りないな…という向きには、男体山をぐるりと1周する自然研究路があります。静けさ漂うブナの林が心地よい、1周約60分の道のりです。

❶茶店が並ぶ御幸ケ原。奥に男体山の山頂が見える　❷プレイランドもあるつつじケ丘　❸登山者で賑わう女体山の山頂

つくばうどん

つくばの名産品を使ったご当地グルメ。つ＝地鶏のつくね、く＝黒野菜（ごぼうやきのこ）、ば＝豚バラ肉という語呂合わせ。その他にも野菜がたっぷり、体にやさしく染み渡る、具だくさんのうどんです。御幸ケ原の茶店や山麓の食事どころなどで味わえます。

：秋葉原駅からつくばエクスプレス快速で45分、つくば駅下車。つくばセンターバス停から関東鉄道バスで50分、つつじケ丘駅バス停下車

：女体山駅（5分）女体山（20分）御幸ケ原（15分）男体山（15分）御幸ケ原

WC：ロープウェイ女体山駅、御幸ケ原などにあり

：女体山～御幸ケ原の間にはカタクリの群生地がある。例年の見頃は4月

問：つくば市役所
TEL 029-883-1111
関東鉄道バス
TEL 029-866-0510
筑波観光鉄道
TEL 029-866-0611

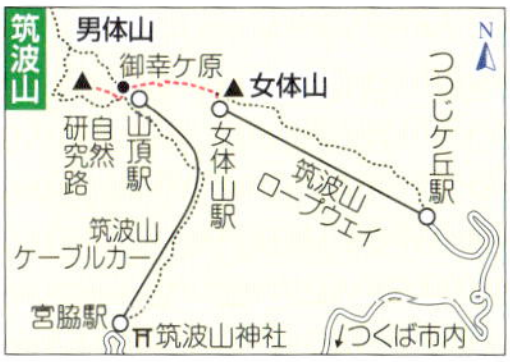

神奈川県

銀色の穂が揺れるススキの草原

仙石原

せんごくはら

約700m　0時間40分

秋を感じさせる植物のひとつがススキ。お月見ではお団子とともに備えられます。草原を彩るススキは、秋の風物詩ともいえるでしょう。

箱根・仙石原にはススキの草原があります。台ケ岳の北側斜面に広がっていて、かながわの景勝50選にも選ばれています。例年、見頃の時期には多くの観光客が訪れます。また、草原を維持するために、ススキ草原の山焼きも行われています。樹木が生えて雑木林になることを防ぐためのもので、毎年3月、風のない日を選んで行っているのです。

ススキ草原の中を突っ切るように散策路が1本通っているので歩いてみましょう。仙石高原バス停からスタートして、ススキ草原の入口へ。ここから未舗装の散策路になります。長くまっすぐに続く一本道を歩いていきます。道の両側にはススキの草原が広がっていて壮観です。だんだん緩やかな登り坂になりますが、ゆっくり、周りの景色を楽しみながら歩いていきましょう。背の高いススキをかき分けるように進んでいきますが、風が吹くと穂がいっせいに揺れ、まるで波のようです。道は途中で行き止まりになるので、来た道を戻ります。

ススキの見頃は9月下旬から11月半ばまでと長いです。初めの頃は青々とした葉と銀色の若い穂が瑞々しさを感じさせ、晩秋になると葉が枯れ、広がった穂が陽光を浴びて金色に輝きます。時期により違った姿を見せるのです。

❶銀色の波が揺れるようなススキ草原　❷道路からもきれいなススキが眺められる　❸陽光を浴びるススキの穂

マウントビュー箱根

仙石原温泉を引く温泉宿。和の趣の情緒あふれる客室で心地よくくつろげます。日帰り入浴にも対応していて、肌触りのよい白い濁り湯を、広々とした大浴場や風情あふれる露天風呂で満喫できます。

神奈川県足柄下郡箱根町仙石原885 TEL0460-84-6331

：箱根登山鉄道箱根湯本駅からバス27分、仙石高原バス停下車

：仙石高原バス停（25分）散策路終点（15分）仙石高原バス停

WC：散策路周辺になし

：仙石原周辺は、ラリック美術館や箱根ガラスの森など美術館が多い。散策の行き帰りに立ち寄ってみたい

問：箱根町総合観光案内所 TEL0460-85-5700
箱根登山バス（仙石原）TEL0460-84-8205

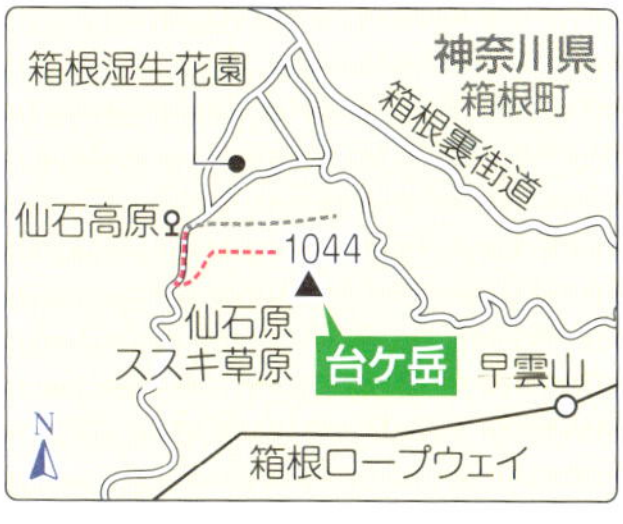

吊り橋から紅葉の滝

三頭大滝

みとうおおたき

1100m　1時間00分

東京都・奥多摩にそびえる、標高1531メートルの三頭山。山頂まで行くにはそれなりの体力や経験が必要となりますが、山の中腹から山頂にかけては「檜原《ひのはら》都民の森」として整備されています。歩きやすい散策路が設けられていて、休日には登山や森林浴を楽しむ多くの人でにぎわいます。豊かな森を楽しめるいくつかのコースがある中で、手軽に歩けておすすめなのが「大滝の路」。このルートは、歩くことでリラックス効果が得られる「森林セラピーロード」に認定されています。

　都民の森入り口からスタート。歩き始めてすぐ、木造の建物の森林館に立ち寄って、檜原都民の森で見られる動物や植物について情報を得ていくとよいでしょう。「大滝の路入口」の道標に従って進みます。傾斜はほとんどなく、しかもウッドチップが敷かれていて足に優しいフカフカの散策路。周りの木々は10月半ばごろから紅葉を始めています。しばらく進むと、山々の眺めのよい場所に出るのでちょっと一息。さらに進み、あずまやが現れると、三頭大滝はもうすぐ。吊り橋の滝見橋が滝を見る絶好のポイントです。細々と、白糸のように岩肌を流れ落ちる滝は心が洗われるような美しさ。秋は赤や黄色に染まった木々が滝に色を添えてくれます。

　滝を満喫したら、都民の森入り口まで来た道を戻ります。帰りにはバス停そばの「とちの実売店」で、奥多摩の特産品をお土産に買っていくのもよいでしょう。

❶岩肌を流れ落ちる三頭大滝　❷ウッドチップの道が快適　❸自然情報も得られる森林館

とちの実売店

都民の森バス停前に建つ売店。檜原村の工芸品や、みそ、こんにゃく、ジャムなどの農産物加工品、新鮮な野菜なども販売しています。店内の一角で食事もでき、そばやうどん、焼きたてのだんごなどが味わえます。

東京都檜原村数馬7146

TEL 042-598-8355

：新宿からJR中央線、五日市線で1時間10分、武蔵五日市駅下車。武蔵五日市駅から西東京バスで1時間20分、都民の森下車

：都民の森入り口（30分）三頭大滝（30分）都民の森入り口

WC：都民の森入り口、大滝休憩小屋そばにあり

：武蔵五日市駅～都民の森のバスは12～2月は運休

問：檜原村役場 TEL 042-598-1011
西東京バス（五日市） TEL 042-596-1611
檜原都民の森 TEL 042-598-6006

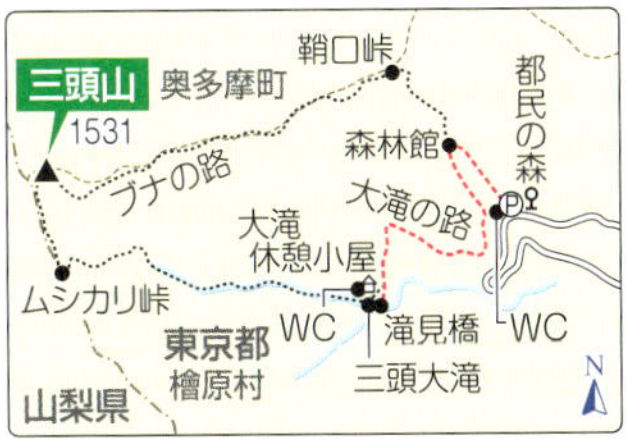

埼玉県・東京都

森林を進み「ムーミン谷」へ

加治丘陵

かじきゅうりょう

189m　3時間40分

埼玉県西部の入間市と飯能市、東京都青梅市に広がる加治丘陵。緑豊かな台地は、地元の人々の憩いの場です。天気のよい日を選んで、のんびり半日ウオーキングはいかがですか。

スタートは仏子《ぶし》駅から。はじめは「桜山展望台」への道標をたよりに住宅街を進み、樹林の中に入っていきます。道は基本的になだらかな舗装道路。風に揺れる木々の音や鳥のさえずりを聞きながらのんびり歩いていきます。「あけぼの子どもの森公園」への分岐を過ぎ、しばらく進むと桜山展望台への分岐に。木の階段を交えながら山道を少しだけ登っていくと、大きな展望台の立つ桜山展望台に到着。テーブルやベンチもあるのでゆっくり休んでいきましょう。展望台からの眺めは抜群。天気に恵まれれば富士山や、都内の高層ビルも眺められます。

来た道を戻り、小さな看板のある「あけぼの子どもの森公園」への分岐から左に進路を取ります。なだらかなハイキングルートを、道標に従って下っていくと、入間川沿いの阿須運動公園に出ます。河川敷の広々とした公園では、近所の人たちが思い思いにウォーキングを楽しんでいます。ここからすぐ近くにあるのが、「ムーミン谷」の愛称を持つ、あけぼの子どもの森公園。メルヘンチックな建物があちこちに建ち、童心に帰ってしまいそう。ゆっくり時間をとってくつろいでいきましょう。ここからは入間川沿いに進み、元加治駅へ向かいます。

あけぼの子どもの森公園。白い建物の中に入れます

あけぼの子どもの森公園

丘陵地の地形を生かし、北欧の童話の世界をイメージした公園。かわいらしい建物の中には入ることができるものもあり、冬には暖炉で温まることもできます。

埼玉県飯能市安須893-1

TEL 042-972-7711

：池袋から西武池袋線急行44分、仏子駅下車

：仏子駅（1時間10分）あけぼの子どもの森公園分岐（40分）桜山展望台（1時間）あけぼの子どもの森公園（50分）元加治駅

WC：桜山展望台にあり

：入間市の公式ホームページから「加治丘陵マップ」をダウンロードすることができる

問：飯能市役所 TEL 042-973-2111

紅葉に染まる沢沿い

鳩ノ巣渓谷

はとのすけいこく

250m　2時間00分

関東近郊の低山は11月が紅葉シーズン。山肌を染める赤や黄色がとても鮮やかです。この時期に歩いてみたいのが東京・奥多摩の鳩ノ巣渓谷。夏にひんやりした空気を味わいながらの渓谷歩道歩きもよいのですが、秋は川沿いの見事な紅葉が楽しめます。

古里《こり》駅をスタートし、青梅街道を横切ったら、道標に沿って林道を進みます。赤い寸庭橋の先で、「大多摩ウォーキングトレイル」の道標を見て山道に入ります。緩やかな沢沿いの道が続きますが、すぐに森の中の道へ。少し急な登りもあるので、ゆっくりと。登り切るとあずまやがあるので山麓の眺めを楽しみつつ、一息ついていきましょう。

一気に下り、鳩ノ巣駅方面に向かいます。雲仙橋で多摩川を渡りますが、紅葉が進む渓谷を橋の上から眺めるのもすてきです。いったん青梅街道に出て、すぐまた渓谷沿いの道へ。吊《つ》り橋の鳩ノ巣小橋を渡ります。ここからしばらくは渓谷沿いの道。青白く輝く水がゆるやかに流れています。色づいた木々と渓谷のコントラストを楽しんで、ゆっくり歩きましょう。渓谷のすぐ近く、岩の上を歩くところもありますが、雨上がりで岩が濡れていると滑りやすいので十分注意して。

沢沿いの道を進み、白丸ダムの上を渡ります。魚が回遊できるように造られた「魚道」のある、珍しいダムです。青梅街道に出たら、車の往来に気をつけながら白丸駅を目指します。

木々の緑と清流、巨石が織りなす渓谷美を満喫できる

手作り味噌工房四季の家

奥多摩の湧水や国産大豆など、厳選された素材で作る手作り味噌の製造・直売店。昔ながらの製法で丁寧に仕込んだ味噌は、豆の風味が生きた風味豊かな逸品です。

東京都奥多摩町白丸313

TEL 0428-83-3365

: JR青梅線古里駅下車

: 古里駅（30分）寸庭橋（40分）雲仙橋（30分）白丸ダム（20分）白丸駅

WC : 古里駅、白丸駅にあり

: 疲れたら、雲仙橋から青梅街道に出て、鳩ノ巣駅をゴールにしてもよい

問 : 奥多摩町役場 TEL 0428-83-2111

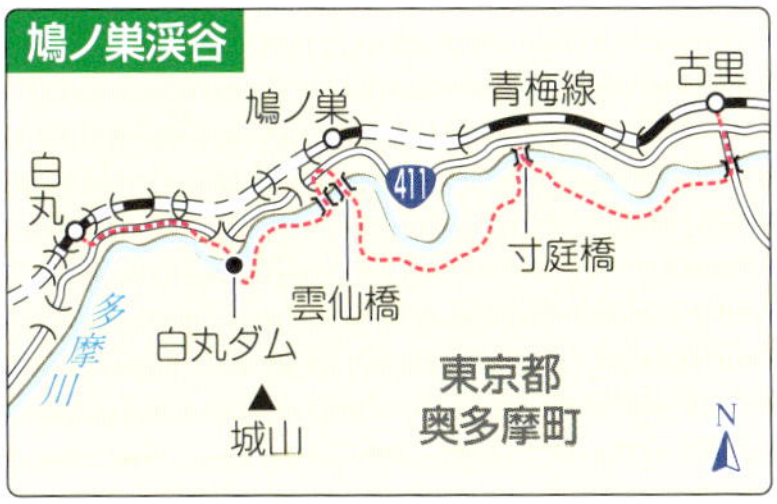

晩秋にサクラのお花見を楽しむ

鬼石桜山

おにしさくらやま

591m　0時間50分

冬に咲くサクラを知っていますか？　フユザクラという、11月〜12月と4月に花を咲かせるサクラの仲間です。町で見かけるサクラ（ソメイヨシノ）に比べて花が小さく淡い色合いで、繊細な感じのする花です。他のサクラと違って、開花時期が長いのも特徴。咲き始めてから1カ月ぐらい咲き続けていて、11月下旬には周囲の木々の紅葉と合わせて楽しめます。

群馬県藤岡市鬼石地区にある桜山は、関東屈指のフユザクラの名所として知られています。約7千本のフユザクラが植えられています。山頂一帯が桜山公園として整備されていて、気軽に山のお花見ができるのが魅力です。

スタートは桜山公園の第一駐車場から。電車バス利用の場合も、途中のバス停からタクシー利用となります。歩きやすく整備された園内を歩いて、桜山山頂を目指します。登り坂には丸太の階段などもつけられています。歩き始めるとすぐに日本庭園へ。カエデの紅葉が見事です。さらに山頂に向かって進んでいくと、足元にはツツジの木が赤く色づき、見上げればフユザクラがひらひらと花を揺らしています。周りの山々を眺めつつ歩いていくと、あずまやのある山頂へ。東端のほうに行くと、フユザクラが山の斜面を覆っているのが見られます。

園内には遊歩道が縦横に整備されているので、散策をしていきましょう。帰りは来た道を戻って第一駐車場に戻ります。

❶桜山山頂からの眺め。フユザクラの向こうに紅葉した山々が　❷桜山公園の日本庭園　❸楚々とした花姿のフユザクラ

桜山ライトアップ

桜山公園の紅葉、フユザクラの開花時期に合わせて、園内の日本庭園周辺でライトアップを行っています。例年は11月初旬から12月上旬にかけて開催。夜空の下、光を受けて輝く日本庭園は幻想的な美しさです。池にライトアップされた木々が映りこむ景色も見どころです。

：JR高崎線本庄駅からバス40分、鬼石郵便局で下車し、タクシーで約15分

：第1駐車場（30分）桜山（20分）第1駐車場

WC：第1駐車場ほか園内各所にあり

：鬼石郵便局からバスの便はなく、タクシー利用。鬼石郵便局から金丸登山口経由で歩くと1時間40分

問：藤岡市鬼石総合支所 TEL0274-52-3111
朝日バス（本庄） TEL0495-21-7703
鬼石タクシー TEL0274-52-2621

登って味わう富士の絶景

乙女峠

おとめとうげ

1005m　1時間30分

富士山の山頂付近の雪が増えてきたら、富士山の展望台に足を運んでみましょう。今回紹介するのは乙女峠。富士山の眺めがすばらしい峠として古くから知られ、山梨県の御坂峠、静岡県の薩埵《さった》峠と並んで「富士見三峠」のひとつに数えられています。

　スタートは乙女峠バス停から。バスを降りると富士山が大きく眺められます。「金時山」への道標に従って登山道に。本格的な山道で、静けさが漂う針葉樹のなか、つづら折りの登り道が続きます。途中、木々の間からチラチラと富士山の姿が見えるのが励みになります。

　登山道の脇に笹が目立つようになり、空が近く感じられるようになってくると、乙女峠まではあと一息。木造の展望台がある乙女峠に到着します。木々の間から、富士山と御殿場の町並みが見渡せます。ゆったり裾を引く富士山はため息が出るほどの美しさ。

　少し高いところまで進むとベンチとテーブルがあり、箱根の山々が眺められます。目の前には箱根駒ケ岳や神山など中央火口丘の山々。よく見ると白く噴煙をあげる大涌谷が見えます。目の下に広がるのは仙石原。箱根は外輪山に囲まれた地域なのだということがよく分かります。

　この先は箱根外輪山のひとつである金時山につながっていますが、険しいところもあり本格的な登山の装備が必要。景色を十分満喫したら、来た道を戻って乙女峠バス停に向かいます。

❶乙女峠バス停から眺める富士山　❷乙女峠には木製の展望台がある　❸乙女峠から少し登れば箱根の山々が

ふじみ茶屋

乙女峠バス停前の茶店。食事や甘味が味わえるほか、箱根の特産品を販売する売店があります。店頭では新鮮な野菜や山菜、果物なども売っています。建物のすぐそばには名水「ふじみの水」が湧いています。

静岡県御殿場市深沢1816
TEL 0550-82-3279

：新宿から小田急箱根高速バスで約2時間、乙女峠下車。電車利用の場合は箱根登山鉄道箱根湯本駅から御殿場方面行きバスで40分、乙女峠下車

：乙女峠バス停（50分）乙女峠（40分）乙女峠バス停

WC：登山口の富士見茶屋のみ。茶屋の定休日や開店前はトイレに入れないので注意

：箱根湯本駅から御殿場方面行きのバスは本数が非常に少ない

問：御殿場市役所 TEL 0550-83-1212
小田急箱根高速バス TEL 03-3427-3160
箱根登山バス（仙石原）TEL 0460-84-8205

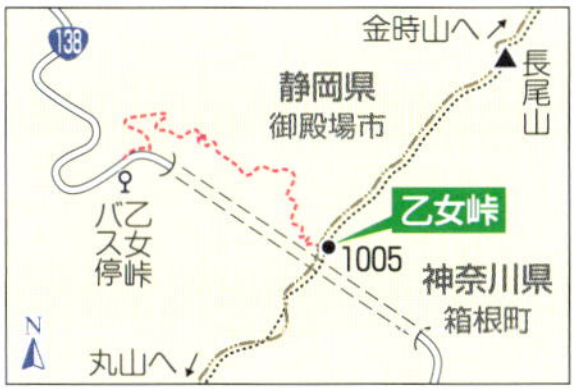

ゆる山コラム
03

重ね着と温かい飲み物で保温を

秋〜冬のゆる山歩き

ぽかぽかとした日だまりの中を、枯れ葉を踏みしめながら歩く気持ちよさ。梅や水仙、福寿草など早春の花が咲き、空気が澄み切って山々の眺めもよい季節。冬のゆる山歩き、キーワードは「保温」です。

服装

秋から冬の山歩きでは、立ち止まっていると寒いのですが、歩いていると体がすぐに温まってきます。暑いと思ったら上着を1枚脱いで、シャツや下着が汗でびっしょり濡《ぬ》れないようにしましょう。気温は低いので、一度濡れたウェアはなかなか乾きませんし、どんどん冷たくなって汗冷えの原因になります。歩いているときはやや薄め、休憩時には1枚上着を羽織って、温まった体を冷やさないようにします。

服は薄手のものを重ね着で。厚手のセーターやジャケットだと「着てたら暑い、脱いだら寒い」となってしまうからです。風を通しにくい薄手のウインドブレーカーや、防寒用に薄手のダウンやフリースのジャケットなどもあるといいです。

体の末端を冷やさない工夫も大切。頭にはフリースやウールの帽子をかぶります。耳が出ていると冷えてしまうので、耳まで隠れるものを用意しましょう。手袋もお忘れなく。

飲み物

体の内側から温めることも大切です。秋から冬の山歩きでは魔法瓶に熱い飲み物を入れて持っていきます。寒いとき、冷たい飲み物は体を

中から冷やしてしまうので、おすすめできません。

甘い紅茶やココアなどは疲れを取るのにも効果的ですし、生姜《しょうが》湯は体がよく温まります。魔法瓶がない…という人は、歩き始める前に温かい飲み物を買い、保温用のケースに入れてもいいでしょう。

天気

町で雨が降っているとき、山の上のほうでは雪になっていることが多いです。濡れて寒いのもつらいですから、雨の日は山歩きはお休み。雨の日の翌日の山歩きも、前日降った雪が積もっていることがありますから十分注意を。雪や凍った斜面が出てきて嫌だなと思ったら、無理せず来た道を戻りましょう。

日照時間

秋から冬は、日が暮れるのがとても早いです。樹林帯では14時頃を過ぎると日ざしが弱まり、山の端に日が落ちると一気に薄暗くなります。足元が見えづらくなり、木の根などにつまずきやすくなってしまいます。

遅くとも15時には歩行終了となるようにスケジュールを考えましょう。早めに下山できれば、温泉などでゆっくり温まる時間も取れます。それでも下山が遅れて暗くなってしまったときに備えて、ライトを持ち歩くようにします。山道は街灯がないので、日が暮れると行動できないほど真っ暗になります。登山用のヘッドライトがベターですが、ペンライトや小型の懐中電灯でも大丈夫。

冬

うんと暖かい格好をして、低い山に行きましょう。
空気が澄みわたって空はひときわ青く、
遠くに見える富士山は真っ白く雪をかぶっています。
山里を歩けばふんわりと梅の香りが漂ってくることも。
きんと冷えた空気を頬に受けながら歩くうちに、
体も、心もぽかぽか温まってくるのが冬の山なのです。

歴史感じるハイキングコース

鎌倉アルプス

かまくらあるぷす

159m　2時間40分

空気がきりりっと引きしまり、吹く風も冷たさを増してくる冬の初め。ちょっとだけ息抜きに「ゆる山歩き」はいかがでしょう。この時期おすすめしたいのは、神奈川県鎌倉市北部に連なる山並み、「鎌倉アルプス」です。

よく歩かれているのは、北鎌倉の建長寺から鎌倉の瑞泉寺《ずいせんじ》までの尾根道でしょう。建長寺の境内を「天園ハイキングコース」の道標に沿って進み、急で長い石段を上って勝上嶽まで歩きます。ここからは鎌倉の町並みや相模湾が一望のもと。この先は本格的な山道になりますが、常緑樹が茂り、冬でも緑が青々としています。すぐ下が住宅街なのに、深い森のなかを歩いているような気分に浸れるのがこの森の特徴でしょうか。道中には岩場を削って作られた中世のお墓、やぐらがあちこちで見られます。

鎌倉市最高地点である海抜１５９メートルの大平山を過ぎると、２軒の茶店があります。ゆっくり休んでいくといいでしょう。花の寺としても知られる瑞泉寺で山道は終了。冬は梅や水仙が境内を彩ります。ここからは道標に従い、鶴岡八幡宮を経て鎌倉駅を目指します。若宮大路や小町通りでのショッピングや、カフェで一息つくのも楽しみです。

紅葉が見頃の時期は天園の分岐から獅子舞方面に下山をしてもいいでしょう。黄色く染まったイチョウの大木と、真っ赤なカエデの紅葉が見どころです。やや急で歩きにくいところもあるので、歩きやすい靴で。

❶岩が露出した大平山の山頂 ❷半僧坊への登り道には小さな天狗や烏天狗の像が立つ ❸冬でも葉が青々と茂る常緑樹の森

豊島屋

鎌倉みやげの定番、鳩サブレー。上品なバターの風味と甘み、さっくりとした歯ごたえ、愛らしいデザインは贈り物にも喜ばれます。本店は若宮大路沿いにあり、和菓子の種類も豊富。本店オリジナルグッズも人気です。

神奈川県鎌倉市小町2-11-19 TEL0467-25-0810

：東京駅からJR横須賀線で55分、北鎌倉駅下車

：北鎌倉駅（15分）建長寺（1時間15分）大平山（30分）瑞泉寺（40分）鎌倉駅

WC：建長寺、大平山付近にあり

：鎌倉の紅葉の見頃は12月上旬。関東周辺では最も遅くまで紅葉を楽しめる

問：鎌倉市役所 TEL0467-23-3000

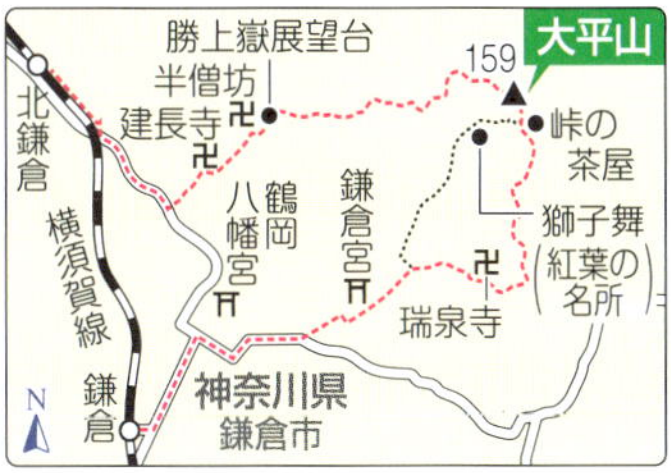

お手軽な「富士」登山いかが

三浦富士

みうらふじ

183m　2時間20分

日本人が大好きな日本一の山・富士山。日本各地には「○○富士」と名付けられたご当地富士山があります。有名どころでは北海道の蝦夷《えぞ》富士＝後方羊蹄《しりべし》山や、南部富士＝岩手山などでしょうか。もっとも手軽に登れるご当地富士山のひとつが、神奈川県・三浦半島にあります。その名も「三浦富士」。

　登山口のある京急長沢駅からは、１時間弱の歩きで標高１８３メートルの山頂に立つことができます。途中にはみかん畑越しに青い海が見られたり、不思議な形をしたマテバシイの樹林などがあります。山頂付近が少し急な登りですが、おおむね歩きやすくて快適な散策路です。山頂からは海に囲まれた三浦半島が一望のもと。そして、三浦富士の山頂からは、本家・富士山を眺めることもできるのです。

　ここから来た道を戻ってもいいですが、時間と体力に余裕があれば、お隣の砲台山、武山までつないで歩き、津久井浜駅に下山するのがおすすめ。砲台山は、昭和初期に造られたすり鉢状の砲台跡が残されています。武山の山頂には展望台があり、東京湾、相模湾の眺めが最高です。４月下旬～５月にはツツジの花が見応えあります。

　下山し、住宅街を津久井浜駅に向かっていく道中に、津久井浜観光農園があります。時間が許せば、果物狩りはいかがでしょう。冬はイチゴ狩り、秋はさつまいも掘りやミカン狩りなどが楽しめます。

❶三浦富士からの海の眺め。右手にうっすらと富士山も
❷砲台跡が残る砲台山　❸武山展望台から望む房総半島

津久井浜観光農園

イチゴやみかん、さつまいもなど、果物狩りや野菜の収穫が楽しめます。案内所に直売スペースもあり、地元産の新鮮な野菜や果物、ジャムなどの農産物加工品を買うことができます。

神奈川県横須賀市津久井5-15-20

TEL046-849-5001

：品川駅から京浜急行本線・久里浜線快特で1時間、京急長沢駅下車

：京急長沢駅（40分）三浦富士（20分）砲台山（20分）武山（1時間）津久井浜駅

WC：武山にあり

：津久井浜観光農園では、1～5月上旬はイチゴ、10、11月はミカンなどが収穫できる。農園利用者は帰りに津久井浜駅まで送迎あり

問：横須賀市役所
TEL046-822-4000

東京湾広がる低山ハイク

鋸山

のこぎりやま

270m　1時間20分

三浦富士（P104）もそうですが、「山から眺める海」というのは格別の気持ちよさがあると思います。目の前に広がる真っ青な海に、歩いてきた疲れが吹き飛びます。海の近くにそびえる、手軽に登れる低山として、紹介したいのが千葉県・房総半島にそびえる鋸山です。

鋸山ロープウェーがあり、山頂駅から20分ほどで山頂展望台に立つことができますが、せっかくですから少し山歩き気分も味わってみましょう。スタートは浜金谷駅から。ユニークな道標をたどりながら登山口に向かいます。登山道は石の階段や石畳のような道が続きます。途中に観月台という絶景ポイントがあり、海を隔てて三浦半島や富士山が眺められます。どんどん歩いていくと、昔の石切り場の跡が現れます。昭和50年代まで、採石が実際に行われていたのだそうです。

拝観料を払って日本寺の境内に入り、岩壁に彫られた大きな観音像などを眺めながら進むと、山頂展望台へ。海の絶景が広がっています。青い海の向こうには三浦半島が眺められ、さらに伊豆半島や富士山まで見渡せます。飛び出した岩のテラス・地獄のぞきにも立ち寄ってみましょう。かなりの高度感ですが、実は下から見上げるほうがゾクゾクするかもしれません。

帰りはロープウエーで下山しましょう。海を眺めながら、約3分の快適な空中散歩で山麓駅に到着します。山麓駅から浜金谷駅までは徒歩10分です。

❶鋸山山頂からの眺め。海の向こうには三浦半島や相模湾が　❷日本寺の巨大な磨崖仏　❸下がすっぱりと切れ落ちている地獄のぞき

ばんや

保田漁協直営の食事どころ。とれたての旬の魚介類が刺身や寿司、煮魚、天ぷらなどさまざまなメニューで味わえます。味のよさはもちろん、どのメニューもボリュームたっぷり、大満足です。

千葉県安房郡鋸南町吉浜99-5 TEL0470-55-4844

：東京駅からJR京葉線、内房線で2時間10分、浜金谷駅下車

：浜金谷駅（30分）観月台（30分）山頂展望台（20分）ロープウェー山頂駅

WC：観月台、ロープウェー山頂駅にあり

：ロープウエーは荒天時、強風時には運休。その場合は山頂から来た道を戻る

問：富津市観光協会 TEL0439-80-1291
鋸南町役場 TEL0470-55-2111
鋸山ロープウェー TEL0439-69-2314

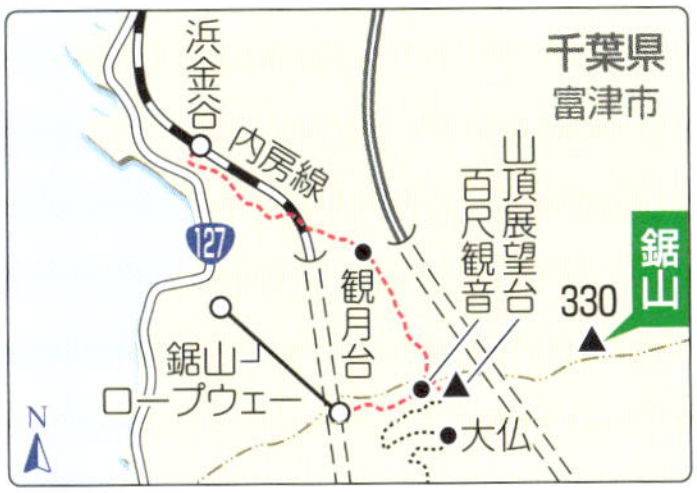

東京都

心地よい日だまり森林ハイキング

青梅丘陵

おうめきゅうりょう

383m（矢倉台）　1時間30分

秋の名残と冬の足音を求めて、森林ハイキングに出かけましょう。奥多摩の入口、青梅には、青梅線に沿って伸びる丘陵地帯に、ハイキングコースが整備されています。なだらかな丘歩きが大半で、小さな子供連れで歩く人も多いです。

スタートは青梅駅から。青梅線を跨線橋で渡り、道標に従って進んでいきます。樹林のなか、広くなだらかな道がつづいています。木々の芽吹きの時期や、紅葉の時期に歩くのもよいですが、晩秋には、葉を落とした木々の間から柔らかな日ざしが差し込み、快適な日だまりハイキングになります。ところどころに休憩所があり、あずまややベンチがしつらえられています。ちょっと疲れてきたらひと休み。温かい飲み物と甘いおやつで一息つきましょう。

はじめは見晴らしがあまりありませんが、第3休憩所を過ぎたあたりから、ところどころで展望が開けるようになります。眼下に街並が広がり、街を囲むように低くなだらかな山が連なっています。第4休憩所の先で、軍畑方面へ行く登山道と分かれますが、少し見晴らしのいい矢倉台まで足を運んでみましょう。

景色を楽しんだら、分岐まで戻り、宮《みや》ノ《の》平《ひら》、日向《ひなた》和田方面へ進みます。少し急な下り道もありますから、慎重に。どんどん下っていき、宮ノ平と日向和田の分岐を宮ノ平方面に進むとほどなく舗装道路になり、道なりに下っていけば、宮ノ平駅に到着します。

心地よい樹林歩きが楽しめる

映画看板の町

青梅は「映画看板のある町」としても知られています。青梅駅に降り立つと、昭和の名作映画の劇画風の看板が、ホームや地下通路に飾られていて目を引きます。町のあちこちにも国内外の名作映画の手描き看板が貼られ、独特の景観をかもし出しています。

- ：JR青梅線青梅駅下車
- ：青梅駅（1時間10分）矢倉台（20分）宮ノ平駅
- WC：永山公園にあり
- ：JR青梅線は、青梅駅～奥多摩駅の区間は1時間に2本程度の運行
- 問：青梅市役所 TEL0428-22-1111

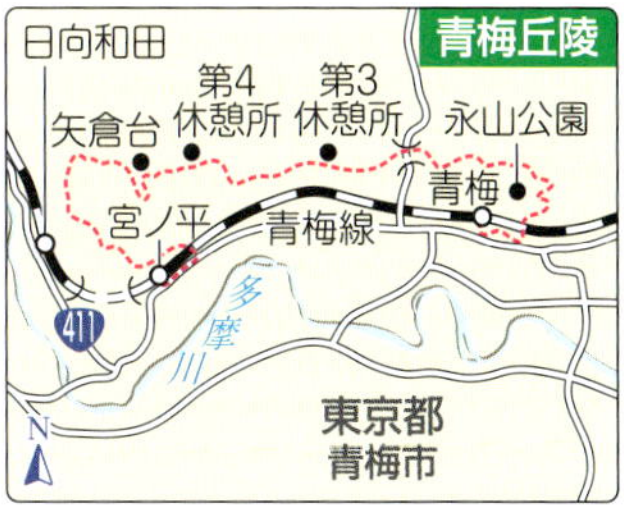

神奈川県

山頂の展望台から海の眺めを

鷹取山

たかとりやま

139m　1時間55分

吹く風が冷たく感じられる季節、暖かい格好をして、ゆる山歩きに出かけましょう。冬は空気が澄んでいるので眺めがよく、展望のよい低山がおすすめ。三浦半島にそびえる鷹取山は、標高は139mですが、すばらしい景色が楽しめる山です。

スタートは京浜急行の神武寺《じんむじ》駅から。線路に沿った道を進み、途中で道標に従って右折します。中学校の建物、老人ホームを過ぎると舗装道路から山道になります。しばらく渓谷沿いの道が続きますが、雨上がりは少し濡れて滑りやすいこともあるので要注意。うっそうとした森の中に建つ神武寺は、山寺の雰囲気を漂わせています。

苔むした石の階段を登り、山道を進みます。緩やかに登っていきますが、歩きやすい道が続きます。岩の間をぬうように進むところもあり、山頂近くになると、少しだけ鎖のついた岩場が出てきますが、歩きやすいところを慎重に進めば大丈夫。ちょっとした冒険気分で抜ければ、山頂まではもう一息です。

山頂一帯は鷹取山公園として整備されています。また、ロッククライミングの岩場があちこちにあり、ロープを使って岩登りを楽しむ人の姿も多く見られます。山頂には展望塔があるので、少し登りますが足を運んでみましょう。海に囲まれた三浦半島がきれいに見渡せ、天気に恵まれれば富士山の姿も望めます。

景色を満喫したら、来た道を戻って神武寺駅へ向かいます。

❶鷹取山山頂展望台からの眺め。天気に恵まれれば房総半島も眺められる　❷ロッククライミングを楽しむ人々も　❸巨大な磨崖仏

神武寺

聖武天皇の命により、僧行基が創建したと言われる寺で、鷹取山とともに「かながわの景勝50選」に選ばれています。風格ある薬師堂は慶長3年に建立された建物で、神奈川県の重要文化財にも指定されています。鐘楼は安政6年に建てられたもので、神武寺の晩鐘は逗子八景のひとつに数えられています。

：京浜急行神武寺駅下車
：神武寺駅（30分）神武寺（30分）鷹取山（25分）神武寺（30分）神武寺駅
WC：鷹取山山頂にあり
：鷹取山公園の中には巨大な磨崖仏がある。山頂から片道15分
問：逗子市役所 TEL046-873-1111

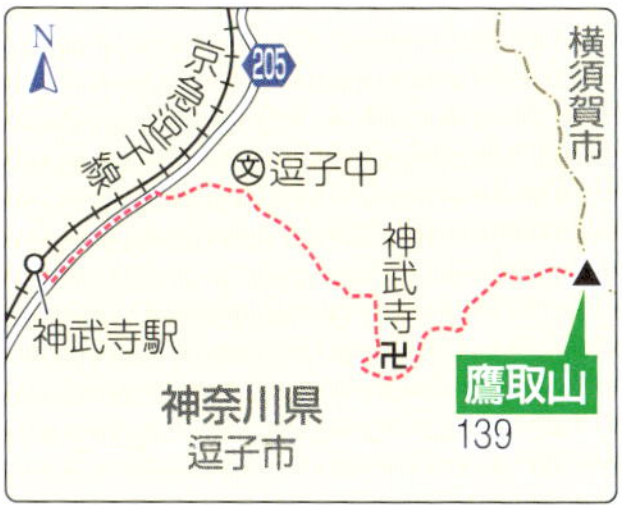

関東平野を一望に見渡す

鐘撞堂山

かねつきどうやま

330m　1時間50分

関東平野を見渡す展望の山、鐘撞堂山。埼玉県寄居《よりい》町は、戦国時代に小田原北条氏の鉢形《はちがた》城が築かれていました。鐘撞堂山には鐘が備えられ、危急時にはその鐘を鳴らして鉢形城に急を告げていたと言われます。戦国時代に思いを馳せながら、静かな低山を歩いてみましょう。

寄居駅をスタートし、住宅街を歩いて登山口を目指します。道標があちこちに立てられているので、見落とさないように。途中で国道を横切り、さらに進んでいくと大正池へ。灌漑用の小さな池です。大正池の先から砂利道になり、しばらく進むと山道が始まります。うっそうとした樹林帯が続き、歩くうちに竹林が出てきます。最後に急な階段を登り切ると、鐘撞堂山の山頂に到着します。大きなあずまやの脇に、木造の展望櫓が立っています。

山頂からは東京の高層ビル群が一望できます。空気が澄んだ日には東京スカイツリーも眺められるでしょう。木々が葉を落とす冬なら、北側に赤城山や浅間山なども眺められます。小さな鐘も備え付けられて、叩くとよい音が鳴り響きます。景色を楽しんだら来た道を通って寄居駅に戻ります。

ちなみに、この山は「初日の出が眺められる山」でもあります。関東平野から昇る朝日が荘厳で、多くの人が御来光を求めて山頂を目指します。暗い中を歩いて登ることになりますから、ヘッドライトなどの装備が必要ですし、寒いので防寒対策も十分に。

❶関東平野を一望に見渡せる山頂　❷山頂直下には笹の林も
❸山頂には鐘があり、叩くとよい音がする

武州鉢形城

戦国時代に築かれた山城。地形を生かして作られた天然の要害でした。現在は堀や土塁などが復元され、鉢形城公園として整備されています。ボランティア案内人による無料のガイドツアーも。

埼玉県大里郡寄居町鉢形2496-2　TEL 048-586-0315（鉢形城歴史館）

：秩父鉄道・東武東上線寄居駅下車。

：寄居駅（30分）大正池（30分）鐘撞堂山（20分）大正池（30分）寄居駅

WC：寄居駅、大正池にあり

：武州鉢形城は寄居駅から徒歩20分。公園として整備されている

問：寄居町役場
TEL048-581-2121

埼玉県

香り高きロウバイ求めて

宝登山

ほどさん

497m　0時間50分

年の初めに歩きたい、埼玉県秩父地方にそびえる宝登山。山の名前に「宝」が入る、縁起の良さそうな山です。山頂付近に梅林があり、冬のお花見が楽しめる山でもあります。長瀞駅から歩いて宝登山神社に向かい、宝登山ロープウェイで山頂駅まで一気に登ってしまいましょう。小さいレトロなロープウエーで約5分の空中散歩、降りたらすぐに梅の林が広がっています。

12月下旬から2月下旬にかけて見られるのはロウバイ。約3千本ものロウバイが植えられ、見頃の時期には黄色いキラキラした花を咲かせます。近くに寄るとふんわりといい匂いがします。ロウバイを眺めながら散策路を進み、山頂までは10分ほどの道のり。途中に宝登山神社の奥宮があります。広々とした宝登山の山頂からは、ロウバイの樹林の向こうにきれいな三角形の武甲山《ぶこうざん》の姿がひときわ目立ちます。帰りは来た道を長瀞駅まで戻ります。

山頂周辺はロウバイ以外にも早春から初夏にかけて、多くの花が見られます。梅の花は2月上旬~3月下旬。ロープウェイ山頂駅周辺が梅百花園として整備されていて、１７０品種４７０本の梅が山の斜面を紅白に彩ります。１７０品種という数は、関東でも有数の品種の多さです。ロウバイや梅の時期には足元に福寿草も咲いています。さらに早春のマンサク、春のツツジ、初夏のシャクナゲ…と花が咲き継いでいきます。長瀞駅周辺は春の桜並木も見事です。

❶宝登山山頂からの眺め。木々の向こうに武甲山の姿が　❷つやつやした花びらのロウバイ　❸きらびやかな宝登山神社

：池袋駅から西武線特急で1時間20分、西武秩父駅から御花畑駅に乗り換え、秩父鉄道で20分、長瀞駅下車

：長瀞駅（15分）山麓駅（ロープウエー5分）山頂駅（10分）宝登山（10分）山頂駅（ロープウエー5分）山麓駅（15分）長瀞駅

WC：ロープウエー山頂駅、山麓駅にあり

：歩き慣れた人なら、秩父鉄道野上駅からハイキングコースを歩いて宝登山へ行くのもいい。野上駅から宝登山まで約2時間半

問：長瀞町役場 TEL0494-66-3111
宝登山ロープウェイ TEL0494-66-0258

かき氷

盆地地形で冬は非常に気温が低い長瀞町は、良質な天然氷の産地。丘陵地帯の中腹には氷が作られる氷池が点在しています。長瀞駅周辺には天然氷を使ったかき氷の店が多く、果物や木の実で作った自家製シロップで、すっきりした味わいのふわふわの氷が味わえます。冬に営業しているお店もあります。

山梨県

心洗われる富士の絶景

岩殿山

いわどのやま

634m　1時間50分

多くの人々に愛される「日本一の山」富士山。冬、山頂が白く雪をかぶった姿はとくに美しいものです。富士山の展望ポイントは各地にありますが、「自分の足で」雄大な富士山に会いにいってみませんか。山梨県大月市にそびえる岩殿山は、大月市が選んだ「秀麗富嶽十二景」のひとつ。絶好の「富士見山」なのです。中央本線から、そそり立つ岩壁が特徴的に眺められる山です。

岩殿山はかつて武田氏の重臣・小山田氏の山城が建てられていました。当時の建物も石組みさえもすでにありませんが、山頂近くには揚城戸跡、馬屋《うまや》跡などの看板が立てられ、往時をしのぶことができます。

大月駅から山頂までは、徒歩1時間ほど。道標に従って山に取りつきますが、山頂まではほぼ舗装道路か整備された砂利道。階段状で少し急な道が続きますが、ゆっくり歩いていけば大丈夫。岩殿山ふれあいの館を過ぎ、どんどん登っていくと、左手に富士山の美しい姿が現れます。兜岩《かぶといわ》との分岐を過ぎれば山頂まではあと一息。

東京スカイツリーと同じ、標高６３４メートルの山頂からは、大月の町並みの向こうに富士山がひときわ大きく眺められます。春先にはサクラの花が咲き、サクラと真っ白い富士山がひときわ美しいのです。

ここからは来た道を戻り、大月駅を目指します。時間が許せば、岩殿山ふれあいの館に立ち寄っていきましょう。富士山の写真の展示があり、見学できます。

❶山頂から眺める富士山　❷つるりとした岩肌が特徴的な山　❸かつて山城があったことを思わせる史跡も多い

白籏史朗写真館

岩殿山ふれあいの館の1階。大月市出身の山岳写真家・白籏氏が撮影した、秀麗富嶽十二景からの富士山の写真を中心に展示をしていて、雄大、繊細な富士山の姿を満喫できます。2階は写真コンテストの優秀作品を展示。

山梨県大月市賑岡町強瀬81-1 TEL0554-23-4611

：新宿駅からJR中央線特急で1時間5分、大月駅下車。

：大月駅（30分）岩殿山ふれあいの館（30分）岩殿山（20分）岩殿山ふれあいの館（30分）大月駅

WC：大月駅、岩殿山ふれあいの館にあり

：兜岩から稚児落としに進むルートは、危険な岩場が続く経験者向け。誤って立ち入らないように

問：大月市役所 TEL0554-22-2111

※2020年12月現在、岩殿山ふれあいの館から山頂までの登山道は落石の危険があるため通行止め

神奈川県

年の初めに富士見の山へ

衣張山

きぬはりやま

120m　1時間00分

年の初めに富士見ハイキングはいかがでしょう。ゆるゆると歩いて絶景を満喫できるのが、鎌倉の裏山、衣張山です。

夕陽台公園バス停をスタートし、住宅街を歩いていきます。緩やかな登り道が続き、登り切ったところが突き当たり。富士山が目の前に大きく見えて驚きます。右に進んで山道に入ります。広葉樹と常緑樹が入り交じった樹林、サクラも多く、春先はお花見ハイキングも楽しめるでしょう。林床には笹が多く茂っています。いくつか道が分かれていますが「よりはっきりとした道」を選んでいきます。

しばらく進むとベンチが置かれた展望地に。森に囲まれた鎌倉の街並み、その向こうには青い海が広がっています。ここまで来れば衣張山の山頂まではほんのわずか。西～南側が開けた広場になっていて、目の前に富士山が大きくそびえています。富士山の右側の山並みは丹沢、左側は箱根の山々です。小さなお地蔵様と石塔があるので、お参りしていきましょう。

帰りは杉本寺方面へ。杉林の中、ジグザグと道が続いています。石や丸太の階段、少し急なところもあるので慎重に。下り始めてまもなく、かわいらしい道祖神があり、心が和みます。山道が終わり、住宅街に入ればバス通りまでは5分ほどの道のり。バス通りに向かう途中で右折すると、竹林の美しい報国寺もあります。時間が許せば拝観していくとよいでしょう。

❶衣張山山頂からの眺め。海の向こうに富士山の姿も　❷愛らしい夫婦の道祖神
❸日だまりにスイセンが咲いていた

杉本寺

坂東・鎌倉三十三観音霊場の第一番でもある、鎌倉最古の寺。本尊は源頼朝が寄進したと言われる十一面観音です。花の寺としても知られ、春は桜やツツジ、秋はイワタバコやアジサイなど、四季を通じて美しい花が咲きます。
神奈川県鎌倉市二階堂903
TEL0467-22-3463

：東京駅からJR横須賀線で1時間、逗子駅下車。逗子駅から京急バスで15分、夕陽台公園下車

：夕陽台バス停（5分）鎌倉幼稚園（30分）衣張山（25分）杉本観音バス停

WC：道中にトイレなし

：帰りのバスは若宮大路で途中下車すると鶴岡八幡宮や小町通りの散策が楽しめる

問：鎌倉市役所 TEL0467-23-3000
湘南京急バス鎌倉営業所 TEL0467-23-2553

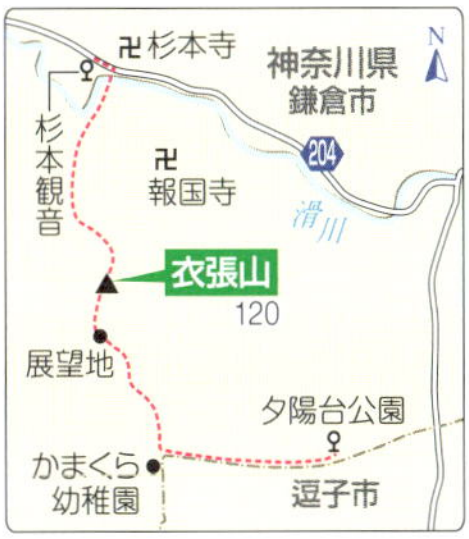

海を望むピクニカルコース

城ケ崎

じょうがさき

約35m　1時間30分

複雑に入り組んだリアス式海岸が続く城ケ崎。約4千年前に大室山が噴火して海に流れ落ちた溶岩が、海の浸食作用で削られた地形で、荒々しい岩の海岸線が印象的です。海岸線に沿って遊歩道が整備されていますが、富戸《ふと》駅から伊豆四季の花公園までの区間は「城ヶ崎ピクニカルコース」と名付けられた、絶景が楽しめるハイキングルートです。バスで車道歩きをショートカットして、いいとこ取りの海岸線歩きを楽しみましょう。

城ヶ崎口バス停からしばらく舗装道路を進み、ぼら納屋の前から散策路に入ります。ちょっとした坂を登り切ると視界が開け、海の眺めが広がります。散策路はそれほど高低差もなく歩きやすい道。ところどころで荒々しい溶岩の跡を見ることもできます。また、途中には幕末に黒船の襲来に備えて設置された砲台も残されています。

このコースのハイライトが門脇の吊り橋。海の上に架けられた長さ48メートル、高さ23メートルの吊り橋は、手すりがあるとはいえスリル満点、歩いているだけでドキドキしてきます。門脇灯台は展望台になっていて、登ることができます。天気に恵まれれば天城連山、伊豆七島まで見渡せる絶景スポットです。

海の深い青色と黒々とした岩肌、木々の緑が絶妙の色合い。景色を楽しみつつ歩き、石段を登りきると舗装道路に出て、ほどなく伊豆四季の花公園に到着します。

❶スリル満点の門脇の吊り橋　❷ぼら漁のために漁師が住み込んだ部屋を復元したぼら納屋
❸荒々しい海岸線に青い海が映える

ニューヨークランプ ミュージアム&フラワーガーデン

温暖な気候を生かし、1年を通じて季節の花が楽しめる公園。なかでも、日本原種のアジサイが多く見られるあじさい苑が見どころです。海に面したロケーションで、伊豆七島も眺められます。
静岡県伊東市富戸841-1
TEL 0557-51-1128

バス：伊豆急行伊東駅からバス40分、城ヶ崎口下車。
コース：城ヶ崎口（15分）ぼら納屋（30分）門脇の吊り橋（45分）伊豆海洋公園
WC：ぼら納屋、吊り橋周辺など数カ所あり
ヒント：伊豆急行富戸駅から歩くこともできる。富戸漁港などに立ち寄りながら、ぼら納屋まで50分の道のり
問：伊東観光協会 TEL 0557-37-6105
伊豆東海バス TEL 0557-37-5121

埼玉県

黄金色の福寿草と梅林

両神国民休養地

りょうかみこくみんきゅうようち

520m　1時間50分

早春に花を咲かせる草花のなかでも人気が高い福寿草。園芸品種としても多く世に出ていますが、野に咲く福寿草を見てみませんか。

電車とバスを乗り継ぎ、秩父の奥地へ。小鹿野《おがの》町《まち》両神《りょうかみ》（旧両神村）、四阿屋山《あずまやさん》の東斜面に広がる両神国民休養地は、四季折々に花が見られる、知られざる花の宝庫なのです。山頂近くに福寿草園があり、約5千株の福寿草が、2月から3月にかけて、見頃を迎えます。

スタートは薬師の湯バス停から。「あずまや山」への道標に従って進みます。登り始めは丸太の階段が続きますから、ゆっくりとマイペースで。途中から舗装道路になります。進んでいくと、梅やロウバイの樹林が広がる斜面に飛び出します。花の匂いがあたり一面に漂います。梅の見頃は2〜3月、ロウバイは少し早くて1〜2月。

梅の花咲く斜面を登っていくと、木造の展望休憩舎があります。福寿草はこの周辺の斜面で見られます。山の草花としては大ぶりな、つやつやとした黄色い花は、太陽の光が地面にこぼれているかのようです。

この先に進むと標高771メートルの四阿屋山に登頂できるのですが、山頂直下に凍って滑りやすい岩場などもあるので、今日はここまで。景色を十分楽しんだら、来た道を戻ります。

散策後は道の駅「両神温泉薬師の湯」へ立ち寄るとよいでしょう。温泉が併設されているほか、農産物直売所などもあります。

❶展望台からの眺め。遠くに見えているのは武甲山　❷登山口に建つ薬師堂　❸早春にはロウバイとカイドウが咲いている

両神温泉薬師の湯

道の駅「両神温泉薬師の湯」に併設された日帰り温泉。ガラス張りの大浴場からは秩父の山々が一望に見渡せます。バスの待ち時間に足湯も楽しめます。農林産物直売所が隣接しています。薬師の湯バス停からすぐ。

埼玉県小鹿野町両神薄2380 TEL0494-79-1533

：池袋駅から西武線特急で1時間20分、西武秩父駅下車。徒歩5分ほどの御花畑駅から秩父鉄道で20分、三峰口駅下車。小鹿野町営バスに乗り換えて20分、薬師の湯バス停下車

：薬師の湯バス停（1時間）展望休憩舎（50分）薬師の湯バス停

WC：薬師の湯バス停、福寿草園付近にあり

：両神国民休養地は、6月に見頃を迎える花しょうぶ園も有名

問：小鹿野両神観光協会 TEL0494-79-1100
小鹿野町両神庁舎（町営バス）TEL0494-79-1122

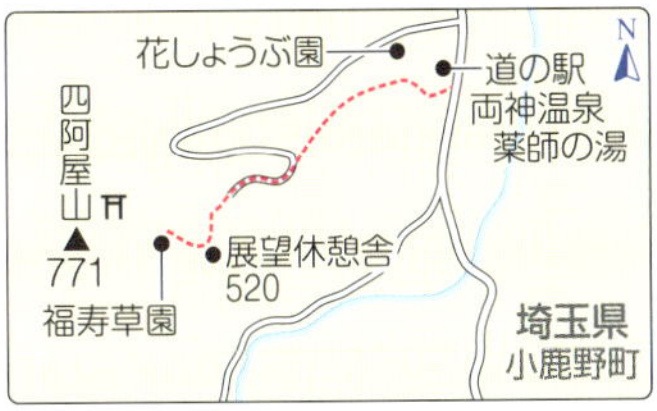

花盛りの梅林と相模湾

幕山

まくやま

626m　2時間20分

早春の花として真っ先に思いつくのは梅。あたりにふんわりと香りを漂わせながら咲く白やピンクの花は、春の訪れを感じさせてくれます。梅のお花見の名所として知られる幕山公園（湯河原梅林）では、花の見頃に合わせて、3月15日まで「梅の宴」を開催。さまざまなイベントで盛り上がりを見せます。梅のお花見とゆる山歩きを組み合わせてみてはいかがでしょう。

幕山公園の園内には散策路が設けられ、梅の香りに包まれながら梅林を散策できます。幕山の山頂をめざすなら「ハイキングルート」の看板に従って進みます。登っていくと「梅林最高地点」の看板があるので、ここから山麓を眺めてみましょう。約4千本の梅が山の斜面を埋め、まるでパステルカラーの絨毯《じゅうたん》のように広がっています。ここまで歩かなくては見られない絶景です。

ここから本格的な山道が始まります。少し足場の悪いところもありますし、それなりに傾斜もあるのでゆっくりと。登り切った山頂は芝生に覆われた心地よい広場。相模湾の海岸線が見渡せ、海にぽこりと突き出した真鶴《まなづる》半島もくっきりと眺められます。空気が澄んでいれば海に浮かぶ初島の姿も。海から近いところにある山だけに、低山とは思えない海の眺めが楽しめるのがこの山の魅力です。

帰りは来た道を戻って幕山公園へ。お花見ハイキングの帰りには、名湯・湯河原温泉で汗を流していきたいものです。

①

②

③

❶幕山公園の梅林は２月上旬～３月上旬が見頃　❷山頂付近からは真鶴半島がくっきりと　❸幕山山頂は伸びやかな広場

湯河原温泉

良質な温泉が湧くことで知られる海沿いのいで湯。肌触りのよい透明の温泉は、昔から万病に効くと評判で、多くの文人墨客も訪れました。風情あふれる温泉宿が点在しており、小田原や真鶴などの漁港にも近いことから、海の幸が自慢の宿も多いです。日帰り入浴施設もあります。

：東京駅からJR東海道線で1時間45分、湯河原駅下車。湯河原駅から箱根登山バスで20分、幕山公園下車

：幕山公園バス停（1時間20分）幕山（1時間）幕山公園バス停

WC：幕山公園入り口にあり

：「梅の宴」開催の３月15日までは、湯河原駅から幕山公園へ直行するバスが増便している。期間中は幕山公園への入場料200円が必要となる

問：湯河原町役場
TEL0465-63-2111
箱根登山バス（湯河原）
TEL0465-62-3345

いつでも心に　さわやかな山の風と木漏れ日を。
山でお会いしましょう。

西野淑子　（にしの・としこ）

関東近郊を中心に、オールラウンドに山を楽しむフリーライター。日本山岳ガイド協会認定登山ガイド。著書に「東京近郊ゆる登山」（実業之日本社）、「女子のための！週末登山」（大和書房）など。NHK 文化センター「東京近郊ゆる登山講座」講師。

撮　影 ………… 石森孝一、和氣淳

写真提供 ……… 伊東市観光課、青梅市観光協会、大多喜町観光協会、甲府市観光課、白馬村観光振興公社、箱根町観光課、榛名観光協会、藤岡市鬼石総合支所、富士見パノラマリゾート、みかも山公園管理事務所

地図製作 ……… 東京新聞編集局デザイン課

ゆる山歩き　思い立ったら山日和

2016 年 3 月 30 日　第 1 刷発行
2021 年 1 月 14 日　第 3 刷発行

著　者 ………… 西野淑子

発行者 ………… 安藤篤人

発行所 ………… 東京新聞
〒 100-8505　東京都千代田区内幸町 2-1-4
中日新聞東京本社
電話［編集］03-6910-2521　［営業］03-6910-2527
FAX 03-3595-4831

印刷・製本 …… 株式会社シナノ パブリッシング プレス

デザイン ……… 株式会社ポンプワークショップ

ISBN978-4-8083-1010-3 C0075